# 自驱力

## 懂时间管理的孩子更自律

青蓝图书○编著

台海出版社

图书在版编目（CIP）数据

自驱力：懂时间管理的孩子更自律 / 青蓝图书编著．
北京：台海出版社，2024.9. -- ISBN 978-7-5168
-3985-0

Ⅰ．C935；G78

中国国家版本馆 CIP 数据核字第 2024CC1126 号

**自驱力：懂时间管理的孩子更自律**

| 编　　著：青蓝图书 |
|---|

责任编辑：赵旭雯
封面设计：尚世视觉

出版发行：台海出版社
社　　址：北京市东城区景山东街 20 号　　邮政编码：100009
电　　话：010-64041652（发行，邮购）
传　　真：010-84045799（总编室）
网　　址：www.taimeng.org.cn/thcbs/default.htm
E - mail：thcbs@126.com

经　　销：全国各地新华书店
印　　刷：华睿林（天津）印刷有限公司
本书如有破损、缺页、装订错误，请与本社联系调换

| 开　　本：710 毫米 × 1000 毫米　　1/16 |
|---|

字　　数：120 千字　　　　　　　　　印　　张：7.5
版　　次：2024 年 8 月第 1 版　　　　印　　次：2024 年 9 月第 1 次印刷
书　　号：ISBN 978-7-5168-3985-0
定　　价：39.80 元

版权所有　　翻印必究

# 前言 preface

著名作家高尔基曾经说过：在这个世界上，时间流逝的速度是最快的，但有时它又是最慢的；时间是最为漫长的，但有的人会感觉它非常短暂；有的人认为它是非常平凡的事物，但有的人把它视为珍宝。可以说，时间常常是最容易被人忽略，又最让人后悔的东西。

是的，时间就像一条永远流淌的河，一旦流走就不会再回头。所以，我们每个人都应该珍惜时间、善用时间。

如果一个人能够从小学会管理时间的技巧并长期坚持，那么他在学习中就能轻松取得好成绩，在生活中也能过得充实、快乐。这样的人在长大成人步入社会之后，也能较好地应对各种难题并取得较高的成就。纵览古今中外，各个领域的杰出人才都是时间管理高手。

英国著名生物学家、进化论的奠基人达尔文就是一个非常珍惜时间的人。他经常牺牲自己的休憩和娱乐时间而埋首于工作之中。他在乘坐"贝格尔"号舰进行为期五年的环球航行中，除了必要的睡眠之外，把所有的时间都投入到了对动植物和地质结构的观察、采集和分析工作中。回到英国后，他继续潜心研究，最终写出了《物种起源》一书，提出了生物进化论学说。他曾经对朋友说："我不是什么天才，在工作上也没有什么绝妙的捷径可走。我之所以能完成手上的工作，唯一的方法就是珍惜每一分钟的时间。"

每一位家长都希望自己的孩子能够自律，掌握时间管理的方法，成为时间管理的小能手。但是，在生活中很多家长都有说不尽的苦恼：孩子做事不是拖拖拉拉就是丢三落四，或者随意挥霍时间。无论自己如何苦口婆心地给孩子讲道理、做示范，效果总是不尽人意。自己在工作中明明是一个精明强干的人，却在帮孩子树立时间观念时屡屡产生挫败感。这到底是什么原因呢？归根结底

I

是孩子对时间没有概念，不知道时间对自己有什么样的重要作用，家长也没有找到适合孩子的有趣的时间管理方法。多种因素下，关于孩子的"时间管理"，屡屡说得多做得少，而且做出的部分也不理想。所以，家长应该从时间的基本概念入手，帮孩子一步步了解时间、亲近时间，和时间做朋友，鼓励孩子利用时间做更有用、更有意义的事情。

在小学阶段，善于利用时间的孩子总能取得很好的成绩，每天都能愉快地度过。他们经常会受到老师的表扬和家长的鼓励，在学习上就会有更大的动力，很容易形成这种正反馈的良好学习模式。相反，如果孩子经常浪费时间，学习效率很低，那么他的听课质量和学习效果就会比较差，以至于常常受到家长和老师的催促。久而久之，孩子的心理压力就会增大，容易产生厌学等负面情绪，这对于他们今后的学习生涯十分不利。

针对以上问题，我们策划推出了《自驱力：懂时间管理的孩子更自律》一书。在书中，我们列出了孩子在时间运用方面出现的种种问题并进行了深入分析，进而给家长们提出了帮助孩子建立正确时间观的一些方法。我们还在书中提供了适合小学阶段孩子的超有效的时间管理工具，比如早晚清单法、趣味时间、有趣的万能贴纸等，让孩子在充满趣味的学习中轻松掌握时间管理的技巧和方法。

除此之外，我们在书中还提供了让孩子成为时间管理高手的30天训练方法，涵盖了时间清单、时间分配法、行动计划指南等。让孩子在生活和游戏中认识到时间的价值并真正重视时间，在训练中逐渐做到高效利用时间，成为一个做事有效率的孩子。

我们相信，只要家长们能够认真阅读本书，并选择适合自己孩子的方法积极实践，那么孩子一定会喜欢上时间管理，并成为时间管理"小达人"。

# 目录
contents

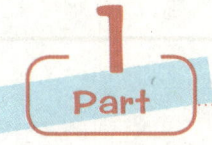

## Part 1 帮助孩子做出改变
做作业总是磨磨蹭蹭怎么办 / 02
如何让孩子按时起床 / 08
长期沉迷电视、游戏怎么办 / 14
注意力不集中，上课不专心 / 18

## Part 2 父母这样做，孩子更自律
为什么父母越唠叨，孩子越反抗 / 24
为什么父母不放手，孩子越懒惰 / 29
什么样的性格用什么样的方法 / 34
为什么孩子更需要仪式感 / 38

## Part 3 帮助孩子建立正确的时间观
如何从小培养孩子的时间观 / 42
如何区分心理时间和自然时间 / 48
你和孩子的"时间"存在哪些距离 / 52

## Part 4 超有效的时间管理工具

为什么总是在睡觉前发现作业没写完 / 56

如何改掉孩子拖拉磨蹭的习惯 / 64

这样做，让孩子做事更有条理 / 80

## Part 5 成为时间管理高手

如何教孩子打破原有"生物钟" / 86

如何教孩子记录 30 天的时间清单 / 90

如何教孩子分配 30 天的时间 / 94

这样规划时间更有效 / 97

如何正确实施奖励和惩罚 / 101

## Part 6 儿童时间管理其实就是自我管理

如何让孩子更自律 / 106

你若不催促，孩子不抵触 / 109

这样写作业事半功倍 / 112

# Part 1

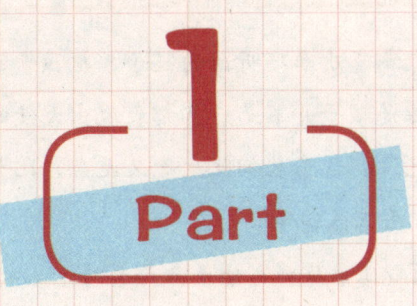

## 帮助孩子做出改变

很多时候，家长们都喜欢乖巧听话的孩子，把孩子的这一面，称为"可爱的天使"。但是孩子并不是一直都表现出天使的一面，还经常会露出"恶魔的尾巴"，让家长们既生气又无奈，比如做事磨蹭、喜欢赖床、玩个不停、丢三落四等。

你家的孩子有没有以上表现呢？还是全都有呢？

这些表现让家长们头疼、苦恼，不知道该怎么帮助孩子做出改变。

其实，这可能只是孩子没有树立正确的时间观念导致的。家长如果能和孩子一起计划时间，制订计划表，那么孩子的表现一定会有所改变。

## 做作业总是磨磨蹭蹭怎么办

### 情景展现

小乐的语文和英语作业都能自己完成，一到数学作业，就会错误百出。妈妈每晚都会抽出一小时来陪她写作业，但她总是磨磨蹭蹭，需要写很久，以致母女二人总会因为作业而闹心。

帮助孩子做出改变

很多家长一提起自己正在上学的孩子总是气不打一处来,明明很简单的家庭作业,孩子却要磨蹭很久才能勉强完成,有时还会出现错字连篇、错题不断的情况。

### "磨蹭功"之写作业篇

很多家长陪读陪写,最难熬的却是辅导作业。写之前,先是准备好吃的、玩玩具、看动画片、玩手机,然后是各种催促、鼓励、安抚、哄骗、承诺,才能让孩子不情不愿地去写。

眼看着拿出书包,光把书和本子掏出来摆好,就仿佛用了一年。再打开铅笔盒,削好铅笔,挑好橡皮、尺子,仿佛又用了一年。

当他终于开始捏着铅笔,盯着书和本子看时,你以为他要开始了,心里刚刚有点欣喜,他却开始眼睛痒、鼻子痒、身上痒,像猴儿一样开始全身抓挠,除了脑子不动,其他地方都在动。

终于等到他坐直了,以为他终于要写作业时,他却转过头来说:"我想尿尿!""我想喝水。""我想吃点水果。"半小时能完成的作业,硬生生被磨蹭拖延到三四个小时。

03

## 如何分析

孩子磨蹭，用尽量多的时间完成作业的行为，是帕金森时间效应的一种体现。这是一种奇特的现象：同样一件事情，不同的人完成的时间会相差许多倍。

这种现象也存在于孩子的学习中，有的孩子30分钟能完成的作业，另一个孩子却磨蹭一个半小时还没写完，导致学习效率下降，不仅占用了休息时间，还耗费了家长很多精力。

我们知道，无论做什么事情，效率越低，用的时间就越长。当孩子习惯用三四个小时甚至更长的时间写作业后，就会出现做其他事情也拖沓磨蹭的情况。这将对孩子的成长和学习带来很多不利影响。

两个月的阅读量　　两个月的阅读量　　两个月的阅读量

课本我还没看完，翻翻这一本就行了。

我不但看完了课本和教学辅导用书，还看了一些和学习相关的课外书，了解了一些新知识。

我学完了课本知识，还知道了好多课本以外的知识。

▲ 读书效率不同，孩子收获不同

# 帮助孩子做出改变 | Part 1

帕金森时间效应说明：如果给做事效率低的人提出明确的任务要求和时间限制，他们的工作效率就会有明显的提高，持续一段时间后，他们的行事风格就会和以前大为不同。如果家长也将此训练应用到孩子身上，相信不久后，孩子会树立正确的时间观念，做事变得有条理、不拖拉。

## 如何解决

一个科学合理的时间计划表是孩子日常生活和学习的依据，能够尽快帮他们走上有条不紊的生活轨道，若想解决孩子写作业困难的问题，以下几步可供参考：

### Step1  利用便签，安排时间任务

家长可以选用不同颜色的便签，用于区分任务性质，把所有需要在这段时间完成的任务分别写在不同颜色的便签纸上，让孩子自主安排。

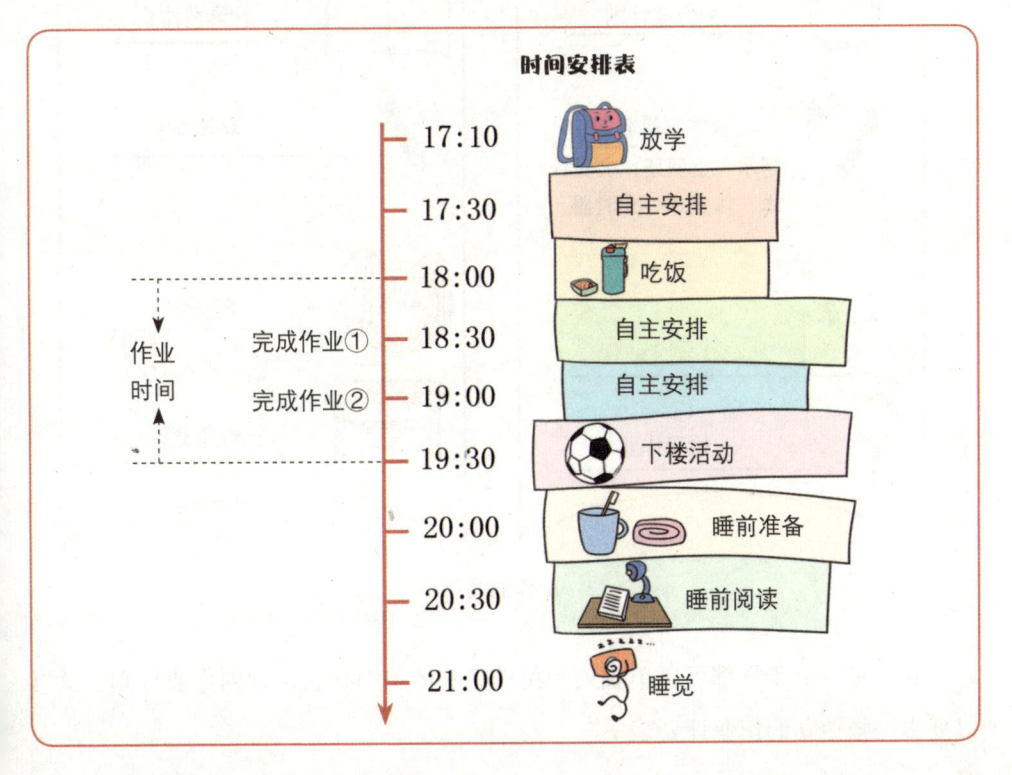

**时间安排表**

| 时间 | 安排 |
|---|---|
| 17:10 | 放学 |
| 17:30 | 自主安排 |
| 18:00 | 吃饭 |
| 18:30 | 自主安排（完成作业①） |
| 19:00 | 自主安排（完成作业②） |
| 19:30 | 下楼活动 |
| 20:00 | 睡前准备 |
| 20:30 | 睡前阅读 |
| 21:00 | 睡觉 |

作业时间：18:30—19:00

自驱力 懂时间管理的孩子更自律

**TIPS!**

作业作为孩子自由安排的任务之一，会占用孩子自主安排的时间。通过便签时间安排图，孩子很容易就能理解写作业和玩所用时间之间的关系是此消彼长的，即写作业耗费的时间越多，用于玩耍的时间就越少。明白了这个关系，孩子自然会心甘情愿地积极完成作业。

### Step2 列作业清单，预设时间

家长可以和孩子一起列作业清单，想一想清单都包括哪些内容，然后再根据顺序进行排序。作业清单可分为列作业计划、做作业前准备、写作业、检查作业、背诵类作业、家长签字、收拾书包、整理桌面等。

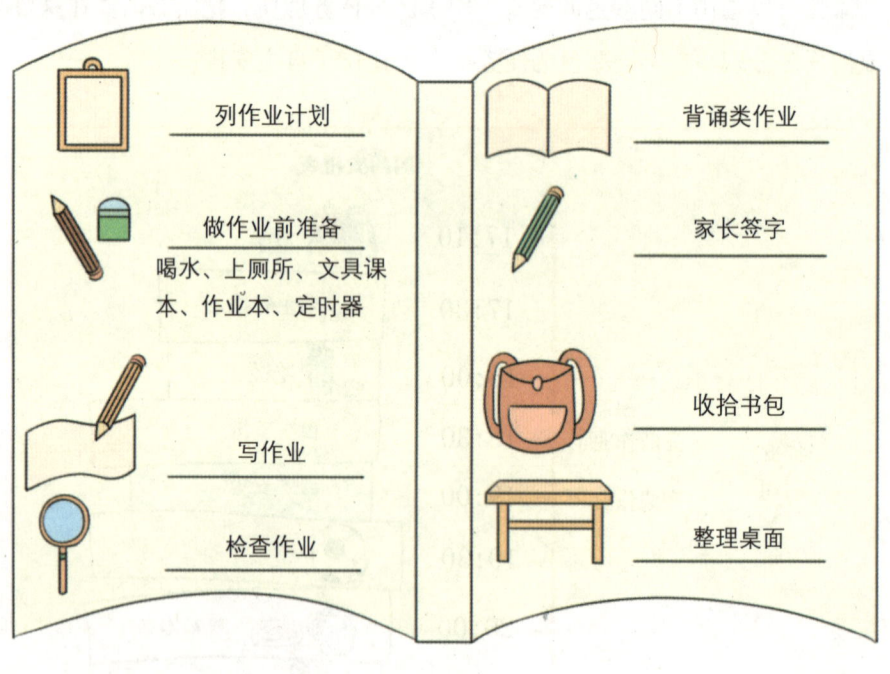

▲ 作业清单

其中每一个步骤都可以单独列一份独立的清单细则表，如列作业计划，就可以列出一张独立的作业计划表。

# 帮助孩子做出改变

| 作业 计划表 | | | |
|---|---|---|---|
| 科目 | 作业内容 | 所需时间 | 顺序 |
| 语文 | 日记 | 50 分钟 | 4 |
| | 听写 | 10 分钟 | 3 |
| 数学 | 试卷 | 30 分钟 | 2 |
| | 口算测试 | 20 分钟 | 1 |
| 英语 | 口语 100 | 20 分钟 | 5 |
| | 听写单词 | 15 分钟 | 6 |
| | 分级阅读 | 30 分钟 | 7 |
| 备注 | | | |

有了这张作业计划表，孩子立刻就能知道今天都有哪些作业，大概需要耗费多长时间，非常直观。

## 如何让孩子按时起床

**情景展现**

闹铃响了,小丽在被窝里一动不动。只听到门外妈妈的大嗓门:"快起床、洗漱、吃早餐了,快,快,快……"小丽揉着双眼,关掉闹铃,磨磨蹭蹭起床,妈妈见了心急如焚。

帮助孩子做出改变

对孩子来说，起床一直都是最大的难题。而妈妈们都梦想着：每天早上温柔地呼唤孩子，再给孩子一个温暖的微笑，孩子快乐地从被窝里起来，一切温馨而快乐。

## 起床的真实写照

妈妈喊一次，孩子"嗯"一声；妈妈做好早餐，从厨房里出来，孩子还没动静；妈妈气冲冲地跑进房间，对着孩子大喊"快起床"；然后一把掀起孩子的被子，仍没效果；最后只好生拉硬拽，把孩子拖起来。

到此，这场"拉锯战"还没结束，孩子走进洗手间，站在洗漱盆前发呆，"快点快点！"在一声声的催促下，孩子心如死灰，妈妈却心如刀绞……

## 如何分析

睡觉至起床的拉锯战，几乎困扰着所有家庭。当孩子进入小学后，这个问题会更加突出：入睡晚，影响第二天起床，导致状态不好，上课不专心，写作业慢，影响睡觉时间，从而进入恶性循环。

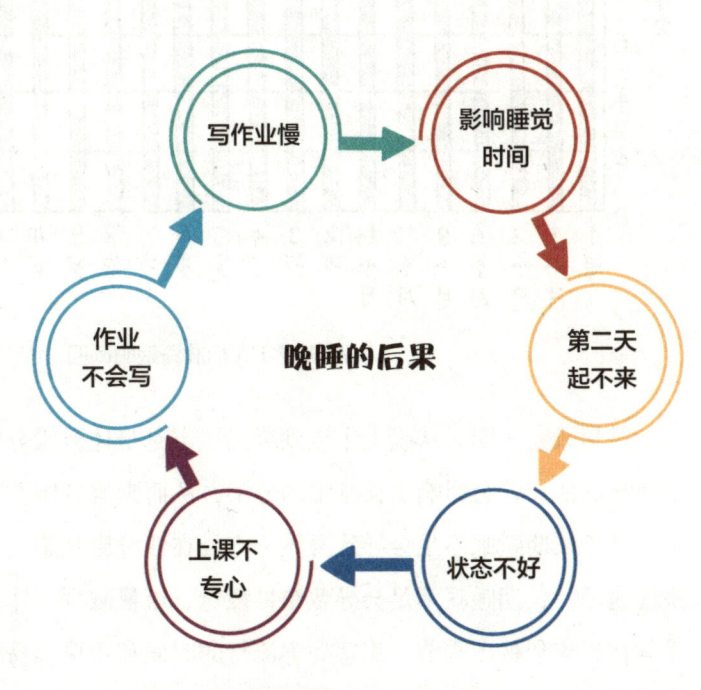

▲ 晚睡导致恶性循环示意图

09

晚上睡得晚，导致睡眠不足，精力就不足，就像没充满电一样。充沛的精力可以支撑孩子全身心地投入去做每一件事，让孩子做事更有效率。所以，时间管理的基础其实是精力管理。

精力大体可分为体能方面和精神方面。体能精力是一切的基础，影响体能精力的因素主要有睡眠、饮食和运动。对孩子而言，睡眠应该是排在首位的，睡眠时长是孩子生长发育过程中很重要的参考指标，请对照未成年人标准睡眠时间图看看自己的孩子睡眠是否充足。

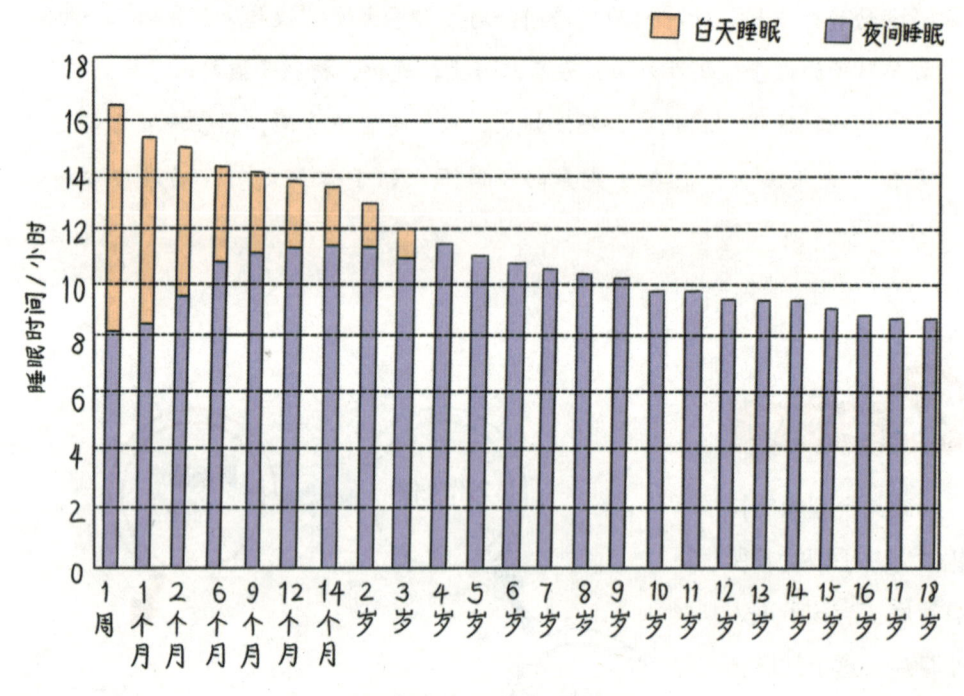

▲ 未成年人标准睡眠时间图

科学研究表明，从晚上十点到凌晨一点是身体激素分泌的旺盛时期，如果孩子晚睡的话，就会影响生长激素的分泌，从而影响身体发育和身高。

孩子长期睡眠不足会导致身体一直处在亚健康状态。睡觉是孩子身心恢复的最佳途径，长期睡眠不足会导致精神疲惫、饭量减少、体重下降等一系列情况。尤其在春季和秋冬季节，流感病毒流行的时候孩子更容易患病。由此，家长们不能小看睡眠这件事，应该尽早把孩子晚睡晚起的不良习惯改掉。

# 帮助孩子做出改变

## 如何解决

若想解决孩子入睡问题，需要家长教会孩子使用惯例表，这样能让孩子真正有效、自律地管理自己从睡前到入睡的这段时间。

### Step1 理清睡前事件

孩子入睡困难，主要原因在于缺乏条理性。我们把入睡作为一项任务，把洗漱、换睡衣、上厕所、阅读、晚安、睡觉等事件绘制成可爱的小图标，然后作为入睡前的固定事件。将这些事件排序，告诉孩子，一步一步做完后就要睡觉了。

| 睡前惯例表 |||
|---|---|---|
| 顺序 | 内容 | 完成情况 |
| 1 | 洗澡 | |
| 2 | 刷牙 | |
| 3 | 换睡衣 | |
| 4 | 睡前阅读 | |
| 5 | 上厕所 | |
| 6 | 关灯睡觉 | |

## Step2  了解孩子不愿入睡的原因

孩子晚上不愿意入睡的原因有很多，比如有的孩子缺少足够的室外运动，到了晚上，精力仍然很旺盛，就很难入睡；有的孩子觉得爸爸妈妈的陪伴时间不够，希望能得到父母更多的关注与陪伴；当然，也可能是孩子叛逆，故意不睡。

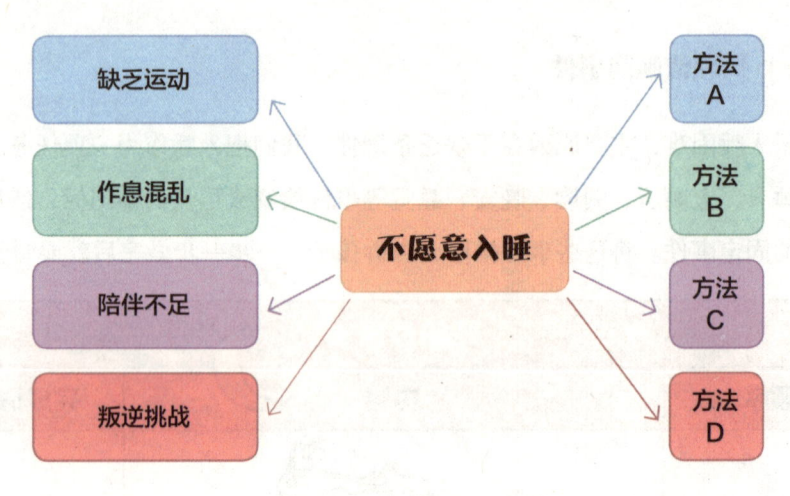

```
缺乏运动 ──┐                ┌── 方法 A
作息混乱 ──┤                ├── 方法 B
          ├── 不愿意入睡 ──┤
陪伴不足 ──┤                ├── 方法 C
叛逆挑战 ──┘                └── 方法 D
```

▲ 孩子不愿入睡的原因

只有了解孩子不愿意入睡的真正原因，才可以"对症下药"，而使用睡前惯例表能引导孩子自己参与到解决入睡问题中，因此惯例表适用于大多数孩子不愿入睡的情境。

## Step3  睡前注意事项

想让孩子养成按时入睡的好习惯，还要注意做到以下几点，使孩子更容易实现目标。

**TIPS!**

1.晚饭时间提前。晚饭时间建议安排在19:00之前，晚饭后尽量不再进食，睡前不要大量喝水。

2.适度运动以助睡眠。适度运动可以帮助孩子消耗多余的精力，但运动的时间一定不能太晚。孩子的晚间运动应尽量在20:00前结束，否则会让孩子更加兴奋，不易入睡。

3.尽量少安排外出聚会，否则会打乱孩子的生活作息。

4.家人需要创造安静的睡眠环境。

家长们要注意的是，在孩子睡觉前的一个小时内，不能让他们看过于刺激的动画片或影视剧，以免他们的精神处于兴奋的状态，难以按时入睡。

### Step4 制定晨起任务表

最后，家长和孩子共同制定清晨任务表。孩子的年龄还小，他们对第二天需要做的事情往往没有明确的了解。家长可以和孩子一起把每天早晨需要做的事情写出来，按照时间排列做成一张详细的任务表格。

### 晨起任务表

| 顺序 | 内容 | 完成情况 |
|---|---|---|
| 1 | 洗漱 | |
| 2 | 换衣服 | |
| 3 | 吃早餐 | |
| 4 | 整理床 | |
| 5 | 上厕所 | |
| 6 | 出门上学 | |

## 长期沉迷电视、游戏怎么办

**情景展现**

小轩特别爱看动画片，一到周六，他能在电视机前从早看到晚，吃饭也是稳坐在电视机前，一动不动，无论妈妈怎么叫、怎么劝都不行，让人又气又急又无奈。

## 帮助孩子做出改变

爱玩电子游戏是孩子的天性，也是现代孩子的通病。很多父母的手机都不幸沦为孩子的游戏机。只要给他们手机，他们便可以安静地一直玩下去。

很多父母一看到孩子玩游戏就火冒三丈，忍不住又吼又劝，手段用了一大堆，除了亲子关系越来越紧张之外，根本无济于事。孩子爱玩没有错，最令父母头疼的是玩起游戏来忘记时间，而且长时间玩游戏，还会影响孩子的视力、颈椎，危害孩子的身体健康。

### 如何分析

很多孩子从两三岁开始就看动画片，随着年龄的增长，他们对动画片越来越痴迷，只要在电视机前一坐，作业、学习、吃饭统统抛在脑后。当他们全神贯注地看电视时，催促、吼叫是没有用的，强行关掉更会惹得孩子愤怒大哭，还会激发他们的逆反心理。

心理学家认为，长时间看各种短视频、玩小游戏，都是受到高刺激的娱乐行为。孩子经常接受兴奋度比较高的观看体验，不利于注意力的集中。孩子得到的更多的是被动的信息输入和低层次的快感体验，这些占用了孩子发展社交技能、语言能力和创造力的时间，久而久之，就会影响到孩子综合能力的发展和提高。

### TIPS!

• **孩子看电视、玩手机的危害有哪些？**

1.看电视玩、手机会影响视力，导致视力下降。尤其是孩子每天看电视、玩手机的时间超过一个小时，对视力的影响会更加明显。

2.看电视、玩手机会对脊柱的发育造成影响，因为孩子看电视玩手机的时候，喜欢躺着、趴着、歪着。长时间保持这样的姿势，有可能会引起孩子颈椎病的过早出现。

3.看电视、玩手机会对孩子的专注力和注意力造成一定的危害，进而影响学习。因为手机或者电视中的节目内容太吸引人，很多孩子在学习的时候依然对此念念不忘，因此而无法专注于学习。

4.如果孩子喜欢模仿电视或手机节目中的危险动作，还有可能导致意外出现。另外，有的孩子喜欢走路的时候玩手机，这个举动也是非常危险的。

除此之外，儿童教育专家研究发现，看电视时间过多的孩子的大脑发育和不经常看电视的孩子的大脑发育有明显不同。长期看电视的孩子的大脑反应比正常孩子要慢一些，而且他们看电视的时间越长，对外界和新事物的反应就越迟钝。

很多家长为此感到焦急，他们经常训斥孩子，不让孩子接触网络，不能看电视、玩手机或电脑游戏，但是这种教育方式往往效果不佳。其实，孩子爱看电视和玩游戏的影响并没有我们想象得那么严重。家长们不用担心，只要多用些心思，孩子身上的这些小恶习，还有可能化身为利器，帮助孩子成长呢！

## 如何解决

看电视、玩游戏并不是不可以，只不过需要把控好时间。所以，家长可以掌握以下几个技巧，帮孩子提升自制力，成为时间管理小能手。

### Step1 家长要以身作则

如果家长自己很喜欢看电视，而不让孩子看，孩子心里会不平衡，这样不但不会让孩子戒掉电视瘾，可能还会适得其反，增加孩子的负面情绪。所以说家长要树立好榜样，少看电视，多陪伴孩子。

| 家长与孩子在家玩的游戏 |||
|---|---|---|
| 类型 | 道具 | 时长 |
| 动手类 | 小汽车、钥匙、回形针、字卡等 | 30分钟以上 |
| 扮演类 | 绘本 | 30分钟以上 |

帮助孩子做出改变

续表

| 类型 | 道具 | 时长 |
| --- | --- | --- |
| 创造类 | 积木、拼图、橡皮泥 | 1小时以上 |
| 躲藏类 | 物品、数字 | 30分钟左右 |
| 绘画类 | 画纸、画笔 | 1小时以上 |

### Step2 多参加户外活动

参加户外活动是一个好办法，孩子看电视上瘾很大的原因是父母不能陪伴孩子。为了孩子的身体健康，家长可以每天抽出一定的时间陪孩子参加户外活动，比如体育锻炼、饭后散散步都是不错的选择，这样不但可以让孩子离开电视，对孩子的身体也有好处。

▲ 户外踢球

### Step3 转移注意力

将孩子对电视的兴趣转移到其他的方面，孩子过于依赖电视是因为觉得枯燥、无聊。玩具是帮助孩子转移注意力的一大法宝，玩具对于孩子来说具有天生的吸引力，而且玩具不仅仅可以培养儿童的创造力、想象力，还可以培养儿童的思维力。

▲ 陪孩子玩游戏

### Step4 控制时间

控制看动画片时间是最好的方法，父母们不要给孩子看动画片的影碟，或者是缓存到手机上。这样，孩子就更加没有时间观念。因为影碟和缓存的动画片，可以随时播放，而电视节目里的动画片，是有时间限制的。比如6点半的节目，到7点整就结束了，还可以强化孩子的时间观念：过了7点就没有了。

## 注意力不集中，上课不专心

### 情景展现

老师反映，小辰在上课时总是心不在焉、东张西望，有时还会扭头跟后桌的同学窃窃私语，做什么事都是三分钟热度，总是不上心。

在座位上东张西望。

低头玩手指。

转过头跟后面座位的同学说话。

在课堂上偷看漫画书。

帮助孩子做出改变

**家长们的疑惑：**

自己的孩子做什么事情都是三分钟热度，在家里一会儿玩玩具，一会儿看动画片，一会儿写作业，一会儿又吃零食。在学校，老师也常常反映孩子上课不专心，不是交头接耳就是做小动作，孩子的成绩自然也一直徘徊在中下游。

## 如何分析

针对以上情形，家长们想必没少批评孩子，但收效却不大，这到底是怎么回事呢？

经教育专家研究，其根本原因在于孩子注意力不集中，而导致注意力不集中的原因有：

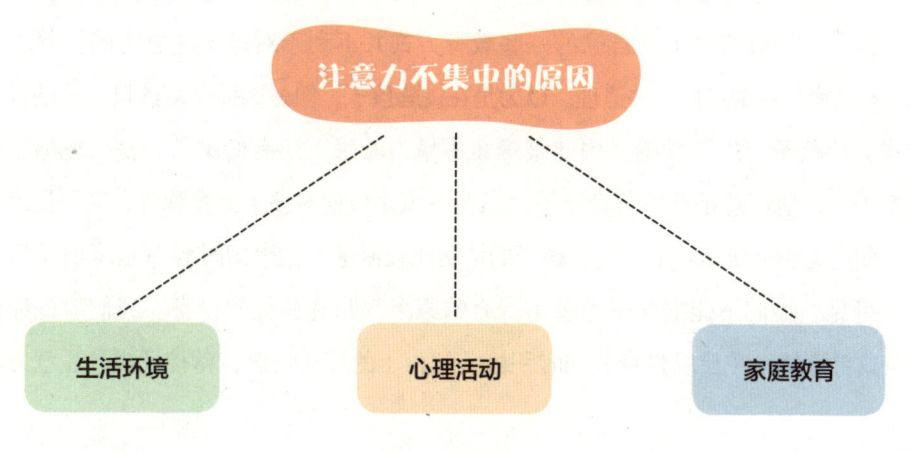

```
        注意力不集中的原因
        /      |       \
   生活环境  心理活动  家庭教育
```

▲ 注意力不集中的原因

生活中，无论孩子学习还是做其他事情，都需要一个良好的环境。如果他们处在一个嘈杂的环境中，注意力很容易受到干扰，学习成效自然不佳。比如，有的家长要求孩子回房间写作业，自己却和朋友在客厅打麻将，电视里还放着影视剧。在这样嘈杂的环境中，孩子很难做到专注地学习。

19

## 为什么无法集中精力？

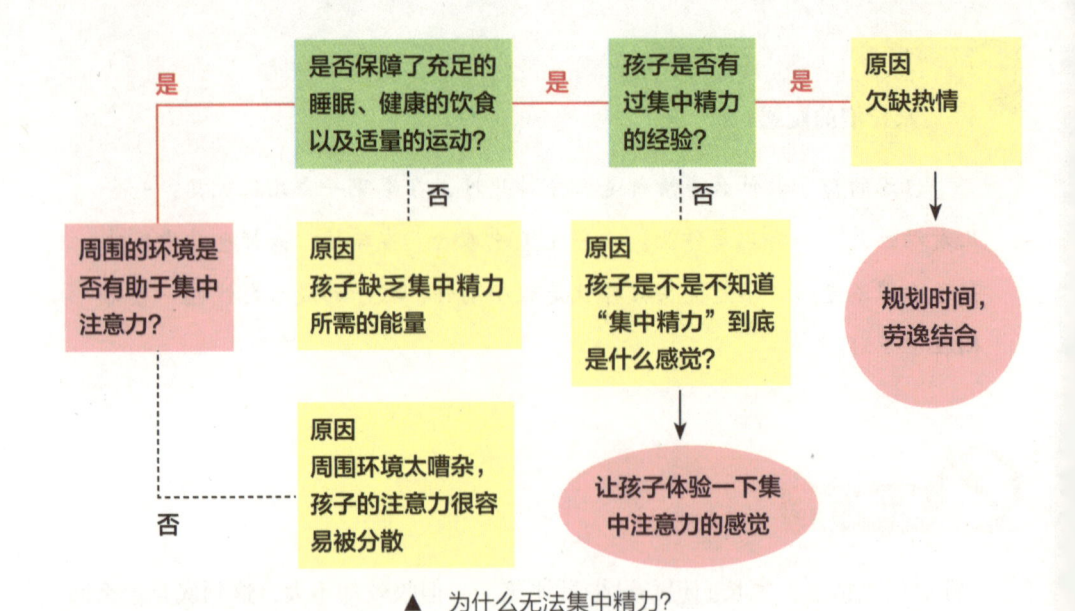

流程图：
- 周围的环境是否有助于集中注意力？
  - 是 → 是否保障了充足的睡眠、健康的饮食以及适量的运动？
    - 是 → 孩子是否有过集中精力的经验？
      - 是 → 原因：欠缺热情 → 规划时间，劳逸结合
      - 否 → 原因：孩子是不是不知道"集中精力"到底是什么感觉？ → 让孩子体验一下集中注意力的感觉
    - 否 → 原因：孩子缺乏集中精力所需的能量
  - 否 → 原因：周围环境太嘈杂，孩子的注意力很容易被分散

▲ 为什么无法集中精力？

在孩子的成长过程中，他们的心理也在不断发生着变化。比如，有的孩子对别人的看法比较敏感，他们在学习时就容易受到外界的干扰，总会在意别人的评价，他们的注意力也会因此被转移。久而久之，孩子的注意力就很容易分散。

很多家长可能想不到自己的一些教育方式并不利于对孩子注意力的培养。比如，有些家长经常对孩子讲道理，以为是在提醒孩子，但是这种"复读机"式的教育方式会让孩子产生厌倦感，因此很难集中精力做事。还有的家长相信"棍棒底下出孝子"，他们总是严厉苛责孩子，因为一点小事就对孩子大发脾气，甚至提出孩子短期内无法完成的要求，这让孩子的情绪比较低落，做事的时候总是瞻前顾后。

可见，我们不能把孩子做事不专心的原因都归咎在他们自身。我们应该综合看待这件事情，在反思自身的同时积极了解孩子的真实情况，帮孩子提升注意力。

### 如何解决

良好的注意力是孩子学习的有力保障，它和读书写字一样，是一种能力，所以是可以训练的。因此，家长们不必太过担心，下面介绍一些实用的好方法，帮助孩子集中注意力。

## Step1 注意分解，将大任务变成小任务

对于刚上小学的孩子来说，独立完成一项大任务是件很艰难的事。比如"去收拾一下你的玩具"，一定不如"把你的小汽车放进柜子，把书放到书架上"更容易完成。因此，家长要根据孩子的特点来制定具体的小任务。

而对于家庭作业，我们可以将作业划分成几部分，告诉孩子"现在做这几道题"，做完后让他玩一会儿，然后再做下一部分。这样分段完成，虽然时间比较长，但完成任务的效果要好得多。之后逐渐增加任务，延长任务时间，久而久之，孩子注意力的持续时间会越来越长。

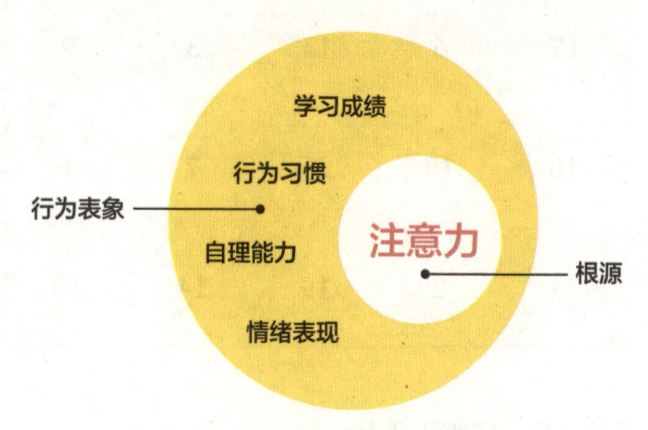

▲ 注意力集中是一切学习的前提和基础

## Step2 巧用计时器，提高孩子的注意力

针对孩子注意力不集中的问题，家长可以给孩子做规定：每写20分钟作业，可以休息5分钟，坚持一个月。从第二个月开始，只有每门功课完成后中间可以休息10分钟；晚上睡前阅读的环节，也逐渐由15分钟，慢慢增加到20-30分钟。孩子按照这个规定坚持下去，不仅可以完成学习任务，注意力也会有所提升。

▲ 计时器

### Step3 采用盯点法随时训练

在一张纸上画上10厘米×10厘米的25个方格，格子内任意填写上阿拉伯数字1至25，共25个。训练时，要求孩子用手指按1至25的顺序依次指出其位置，同时诵读出声。这便是世界上最专业、最普及、最简单的舒尔特方格训练法。

| 11 | 18 | 24 | 12 | 5 |
|---|---|---|---|---|
| 23 | 4 | 8 | 22 | 16 |
| 17 | 6 | 13 | 3 | 9 |
| 10 | 15 | 25 | 7 | 1 |
| 21 | 2 | 19 | 14 | 20 |

### Step4 通过游戏，训练注意力

每个孩子都爱玩，一些小游戏看似简单，但游戏中的文字和图片能够有效抓住孩子的注意力，并训练他们在玩的过程中时刻保持专注。通过"脑力"练习，来提高孩子的专注力。

▲ 迷宫游戏

## Part 2

父母这样做，孩子更自律

自驱力 懂时间管理的孩子更自律

家长苦恼孩子不听话，不好好学习，回到家后只知道玩游戏、看电视，还责怪孩子不知道自己的良苦用心，埋怨自己爱唠叨、管得多。

可是，你知道孩子为什么喜欢反抗吗？很多家长并不了解自己的孩子，不知道孩子真正需要的是什么。

聪明的家长不唠叨，明智的家长不包办，你想做哪一类家长呢？

## 为什么父母越唠叨，孩子越反抗

**情景展现**

父母有父母的烦恼，孩子也有孩子的烦恼。很多父母都在抱怨自家孩子：有些明明很简单易做的事情和他说了无数遍要怎么做、做的好处、不做的后果，可是孩子却不明白、记不住或者直接拒绝执行，轻则无视父母的苦口婆心，重则言语冲撞、反其道而行之。

快睡觉！
快洗澡！
赶快去写作业！

好烦啊！

快点起床！
快点穿！
磨磨蹭蹭的……

▲ 来自妈妈的唠叨

父母这样做，孩子更自律

## 如何分析

**父母的唠叨，在孩子心里竟然是这样的：**

父母什么都想管、什么都要管，仿佛自己的言行举止都在他们的监控之中，稍有不妥，便听到父母的唠叨——"哎呀，你怎么又这么做了？你能不能长点记性啊？告诉你多少次了，你什么时候能长大懂事啊？我真是为你操碎了心，你怎么就是不听话呢？……"如果可以投票，那么无数次重复同一句话的"唠叨"肯定会名列前三。

有一种道理叫作"杯满则溢，言多必失，过犹不及"。有些事，并不是说得越多、管得越细，执行效果就越好。有的孩子时间管理能力较差，逆反心理严重，总是不把父母的话当回事，原因往往出在父母的不当管教方式上——过度唠叨。在心理学上，这被称作"超限效应"，当外部刺激过多、过强或持续时间过久时，反而会让人感到厌倦、烦躁，甚至抵触、反抗。对于被唠叨的孩子而言，父母的好心好意已然变成了一种心理负担。

TIPS!

● **父母的唠叨，会给孩子带来心理负担吗？**

1.产生逆反效果。正如俗话所说的——你说得越多，他记得越少。

2.造成孩子的焦虑。特别是在一件事情上强调很多遍，孩子容易产生纠结和自卑心理。

3.对"别人家的孩子"产生抗性、排斥与莫名的愤怒，影响以后的人际交往。

4.形成童年阴影，甚至可能发展到性格与教育方式的"遗传"，影响后辈。

毋庸置疑，"超限效应"的诱发方——父母，本身就存在着一些问题。有时候，这类父母并没有意识到自己的问题，反而觉得自己言之有理。这也是亲子之间沟通不畅的原因所在。

父母喜欢干预孩子的生活，对孩子指指点点，希望他们按照自己的想法去做事情，本质上是一种凡事以自我为中心的"控制欲"的表现。这类父母想要掌握孩子的一切行为，所以才会不断叮嘱、不断提醒、不断督促，要孩子做到自己满意才肯罢休。若是孩子违背了父母的意愿，没有言听计从，他们就会立即阻止、再次强调，甚至批评指责，久而久之，"超限效应"就从小嫩芽慢慢长大，甚至枝繁叶茂。孩子的反抗是他们对父母过度管教一忍再忍的必然结果。

美国心理学家简·尼尔森说过："假如父母能够少说话、多行动，那么他们与孩子之间75%的问题可能会随之消失。"喜欢唠叨的父母大部分都会同时表现出性格软弱、情绪紧张，他们对自己很不自信，对孩子也没有信心，总觉得如果话没说到位，事情就不会办妥，唠叨能带给他们安全感和满足感。而且，这类父母对自己的生活一贯懒惰、敷衍，却对孩子提出过高的要求，甚至苛求孩子要做到连自己都做不到的事情。这就导致孩子不仅不听话，还会感到不公平，表现得更为叛逆。

想要让孩子学会管理自己的时间，父母的提醒和督促是必不可少的，但是一定要讲究沟通方法，切忌自说自话，否则只会事倍功半。父母们可以通过以下几个方法来改掉唠叨的毛病。

## 如何解决

### Step1 用简单的指令代替无用的唠叨

当父母抱怨孩子没有正确执行自己安排的任务时，要学会从源头上找原因，比如我们的指令是否简单、明确、可操作。如果父母的指令冗长又烦琐，说了一大堆话却只是东拉西扯、缺乏重点，孩子不仅会感到困惑，不知道该如何去做，也会在接收信息的过程中逐渐失去耐心，即使听明白了也动力不足，何谈执行力呢？

同样是批评孩子没有做完作业就急着看电视，以下两个妈妈使用了不同的沟通方法：

又在看电视！赶快去写作业别看了！

5分钟后，你要乖乖去写作业。

好的，我知道了！

▲ 唠叨的妈妈　　　　　▲ 明智的妈妈

对比一下，哪种沟通方式的效果好呢？如果想让孩子按时起床、乖乖吃饭、好好写作业，父母应该尽量配合他们的语境表达诉求，告诉孩子这件事需要怎么完成、要用多长时间、实现什么目标。这样一来，孩子容易理解，也听得进去。

### Step2 开启就事论事的"我与信息"模式

如果父母除了下达明确指令外，还想讲些道理给孩子听，培养他的主观能动性，尤其是在孩子犯错的时候，这时最有效的沟通方法是就事论事、点到即止。若在大道理里面夹杂许多抱怨、指责、翻旧账、贴标签等内容，看似针针见血、鞭辟入里，实则画蛇添足，甚至破坏性十足、副作用明显，完全不利于孩子的心理成长。

### 自驱力 懂时间管理的孩子更自律

▲ 不同的沟通方式

应该像右边这位妈妈一样，运用"我与信息"模式与孩子平和、坦诚地进行沟通，孩子也会同样坦诚地回应父母，沟通效果会更好。

### 小贴士

我与信息＝你的行为＋我的感受＋我的需求

**首先** 如实描述孩子的行为：现在已经12点了，你还没有完成作业。

**然后** 说出你的感受与理解：我有点不开心，因为以你的学习能力，不应该拖到这么晚，一定是有什么事情让你分心了。

**最后** 表达你的需求与期望：我希望你以后可以安排好学习时间，分清楚做事的主次轻重，既保障学习效率，也照顾好自己的身体。

父母这样做，孩子更自律

## 为什么父母不放手，孩子越懒惰

父母都非常爱孩子，但也经常对孩子的表现感到不满。他们认为自己忙碌工作一天，回到家还要手把手地教孩子学习、帮孩子料理事务。每天的时间都不够用，孩子却不理解自己的苦心。他们不是在磨磨蹭蹭中浪费时间，就是把父母的安排抛之脑后，很难按照父母的要求顺利完成任务。

### 如何分析

很多父母可能不知道，在孩子眼里自己就像父母养的宠物一样，明明很多事情自己可以做，却被父母大包大揽，自己的想法往往得不到父母的理解和支持。如果自己没有做好事情，就会被父母一再地唠叨甚至指责。在这样的家庭氛围中，孩子过得并不开心，表现出来就是做事情拖沓，一切只能由着父母安排。

日常生活中，父母为孩子做得太多，就会减少甚至剥夺孩子独立成长的机会，久而久之，孩子在做事情上就会显得能力不足、缺乏信心，甚至优柔寡断，最后不得不依赖父母。而在时间管理问题上，有的父母会说：

> 我家的孩子还小，他没有什么时间观念，所以我要经常帮他做各种事务。

其实这种观点是错误的，父母总认为自己的孩子太小，就替他们做好一切事情。但是，孩子没有得到锻炼，自然不能很好地管理时间。

以至于让孩子产生"我不需要动脑筋，一切事情都由父母来安排，时间计划表也是父母做就行了，到时候我按照计划表能做多少就算多少"的想法。

从父母的角度看，"孩子只要能按照自己制订的时间计划表去做事，就会取得一定的成绩"。这恰好佐证了父母认为自己的作用不可或缺的观念。父母作为成人，有着丰富的时间管理经验，因而制订比较合理的时间计划表给孩子使用，但这并不代表孩子有计划时间和管理时间的能力。

### 如果父母没有给孩子制订计划，会如何？

如果父母有一段时间特别忙，没有顾上给孩子制订计划，没有帮孩子做好后勤工作，那么孩子的日常学习和生活就会变得一团糟。很多父母这时会批评孩子，殊不知，孩子已经产生了依赖心理，离开了父母的安排，他们什么事情都做不好。

父母的包办会扼杀孩子的创造力和意志力，在这样的家庭教育下长大的孩子，遇到困难就会退缩，在与人相处中的表现也会比较懦弱，很难真正在社会上立足，甚至孩子以后的成家立业也会受到影响。

所以，我们作为父母不但要反思和改变自己以前的教育方式，还要采取有效的方法帮孩子尽快从这种依赖式生活中脱离出来，成为时间管理的高手。

父母这样做，孩子更自律

## 如何解决

### Step1 大胆放手，让孩子自己来

父母要和孩子坐下来一起商量日常事务的分配和管理，要明确哪些事情是孩子应该自己去处理的，哪些事情是父母可以从旁协助的。然后，大胆放开手，让孩子自己管理自己的事情。

**指导** 在教育孩子的过程中，父母一定要学会信任孩子、肯定孩子。父母要以身作则，让孩子做一些力所能及的事情，例如，整理书包。

妈妈：作业写完了，接下来做什么呢？ ……• 父母可以顺势提醒孩子

孩子：哦，检查完，就可以收起来啦。

妈妈：嗯，是的。明天上学是不是还要用 ……• 父母先肯定孩子，然后继续暗示
到呢？

孩子：嗯嗯，那我可以整理书包了。

妈妈：整理书包，我们可以一起列书包清 ……• 父母引导孩子如何整理，激发孩子兴趣
单，想一想都需要带哪些物品，好不好？

笔记本　练习册　课本　文具　水杯　小毛巾

▲ 书包清单

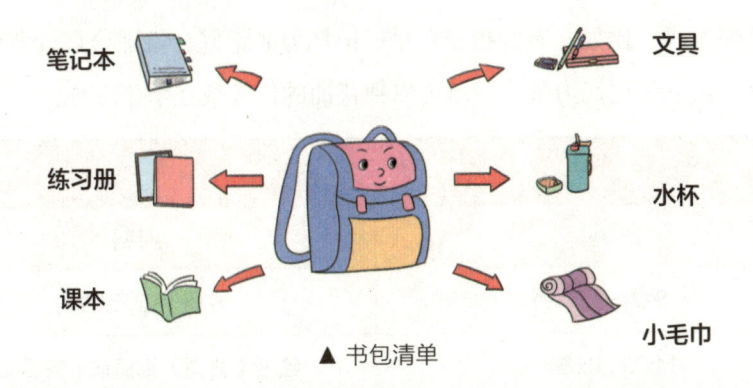

31

## Step2 宽容看待孩子在时间管理上的不足

孩子刚开始安排自己的事务时，总是会出现各种问题。比如把时间安排得过于紧凑或者过于宽松，他们还可能做了时间计划，但实际上却没有按照计划做事。

| 时间安排 |||| 
| --- | --- | --- | --- |
| 学习任务 || 生活任务 ||
| 背单词 | 20 分钟 | 吃饭 | 20 分钟 |
| 口算 | 10 分钟 | 洗漱 | 10 分钟 |
| 作文 | 30 分钟（过短） | 整理 | 10 分钟 |
| 绘画 | 30 分钟 | 休息 | 30 分钟（过长） |

面对这种情况，父母们不要过于担心，因为孩子缺乏经验和应对方法，自然会出错，作为父母应该给孩子出错的机会，积极鼓励孩子，告诉他"我相信你一定会做好，一定会慢慢熟练掌握时间"，而不是擅自越界帮孩子处理这些事情。

## Step3 支持孩子大胆探索出自己的时间管理模式

每个孩子的性格和特点都不一样，他们对时间的安排也会不同，父母不能用其他孩子的时间管理模板套用在自家孩子的身上，而是要鼓励孩子探索适合自己的时间管理方式。比如，有的孩子在早晨记忆力非常好，就适合晨读背诵文章，而有的孩子在下午记忆力最好，就可以把背诵的任务放在下午完成。

| 时间安排 ||
| --- | --- |
| 时间 | 内容 |
| 8:00-8:30 | 背诵（记忆力好） |
| 14:30-15:00 | 绘画（背诵）根据孩子情况而定 |

父母这样做，孩子更自律

孩子在时间管理上有自己的想法时，父母要遵守多听少说的原则，耐心听孩子讲出他的理由，在不影响正常学习的情况下，可以鼓励孩子大胆尝试他的想法，并及时给予孩子适当的赞扬，鼓励孩子将积极探索的热情长期保持下去。相信经过一段时间的试错后，孩子就能找到适合自己的时间管理模式了，而这种模式是孩子自己探索出来的，他的积极性和热情就会更高，时间管理的效率也就会相应地得到提升。当父母与孩子对时间安排意见不统一时，父母可以放手，让孩子自己根据自身情况做安排，逐渐养成自己的时间习惯。

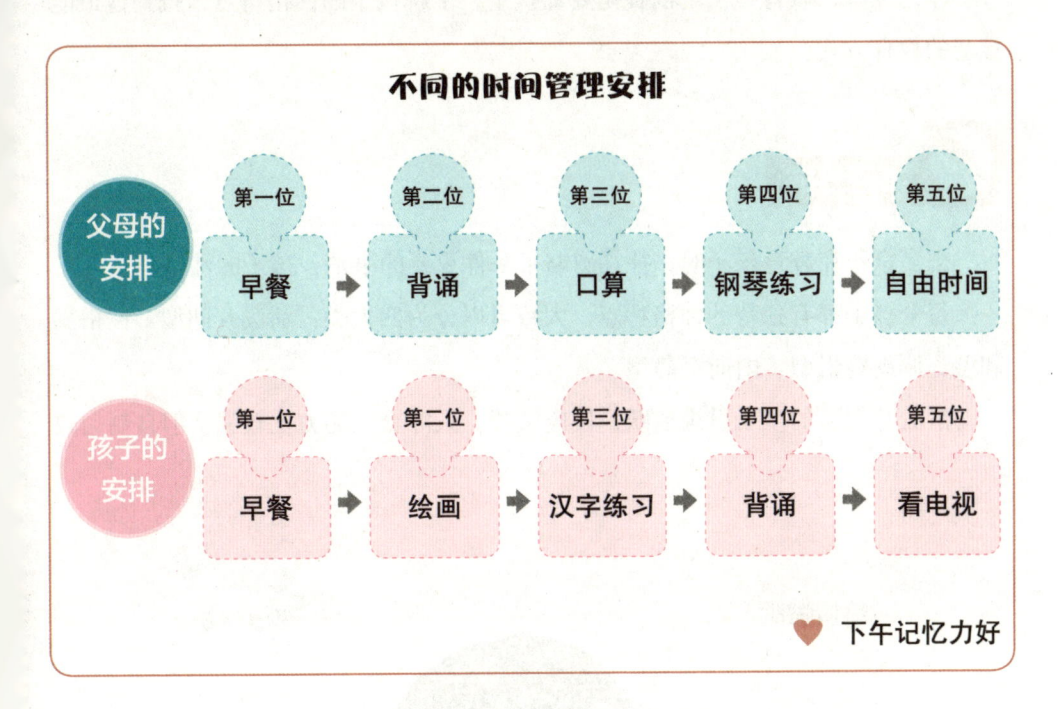

### 不同的时间管理安排

| | 第一位 | 第二位 | 第三位 | 第四位 | 第五位 |
|---|---|---|---|---|---|
| 父母的安排 | 早餐 | 背诵 | 口算 | 钢琴练习 | 自由时间 |
| 孩子的安排 | 早餐 | 绘画 | 汉字练习 | 背诵 | 看电视 |

♥ 下午记忆力好

## 什么样的性格用什么样的方法

不少父母抱怨："孩子总是拖拉磨蹭，说了一百遍还是不听。"那么，你有没有反思过，自己的方法为什么不管用？既然唠叨、吼叫没有效果，那何必浪费口舌，让自己痛苦，让孩子烦呢？那是不是从此放任自流呢？也不是。关键是找对方法，学会"沟通"，而不是一味单向地你说他听。

作为父母，教育孩子的前提是要懂孩子，了解孩子的性格特点，找到他最能接受的教育方式。

### 如何分析

很多家长在教育孩子时，往往忽略了一件重要的事情：孩子的性格。

每个孩子都有独特的性格特点，大致可以分为四大类：活泼开朗型、性格温和型、调皮捣蛋型、内向沉静型。

活泼开朗型的孩子思维活跃，反应敏捷，人际交往能力比较强，但自制力较

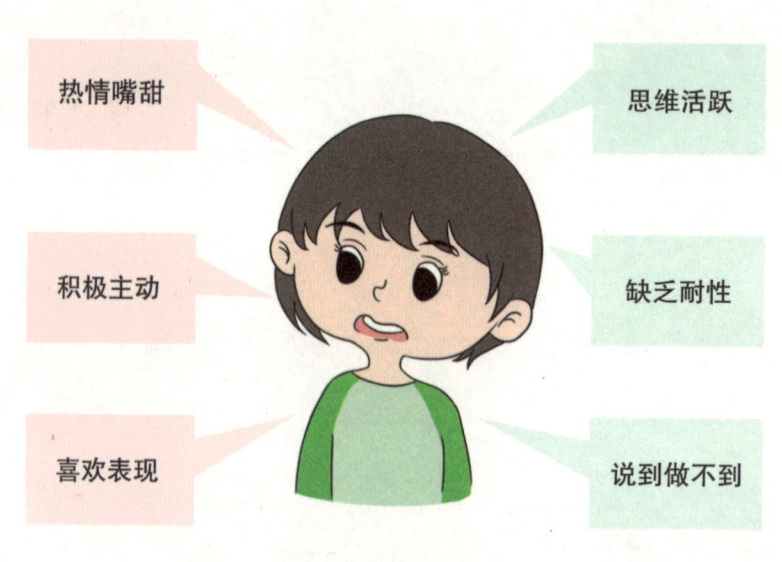

热情嘴甜　　思维活跃

积极主动　　缺乏耐性

喜欢表现　　说到做不到

▲ 活泼开朗型的孩子

弱，做事情总是半途而废，上课很容易被外界干扰，注意力不集中。

性格温和型的孩子大多习惯听从家长、老师的安排，也喜欢开动脑筋思考，做起事情来也是一板一眼，像个小大人似的，这类孩子都有着很强的自尊心，不喜欢被家长当众批评。他们大多数情况下做事比较有耐心，但是比较固执，比如

敏感细腻　　　　　　　　　　　喜欢独处

专注力强　　　　　　　　　　　软弱胆小

喜欢思考　　　　　　　　　　　追求完美

▲ 性格温和型的孩子

做事追求完美，但是效率没有提升，就会显得很拖沓。

调皮捣蛋型的孩子经常做出令人意想不到的恶作剧。这种孩子胆子比较大，敢做敢说，有很强的创造力。他们喜欢打打闹闹，但对规则的理解和执行很差，在学校里这些孩子经常成为老师批评的对象，父母若想让调皮捣蛋的孩子按照时

活泼好动　　　　　　　　　　　奋勇争先

有主见
孩子王　　　　　　　　　　　　调皮霸道

自信勇敢　　　　　　　　　　　叛逆倔强

▲ 调皮捣蛋型的孩子

间表去生活和学习，最后往往以失败告终。

内向沉静型的孩子在做事情上比较稳妥，他们大都听从老师和家长的安排，不会做出出格的事情，但是他们不爱与人交往，有想法也常常闷在心里，也很少

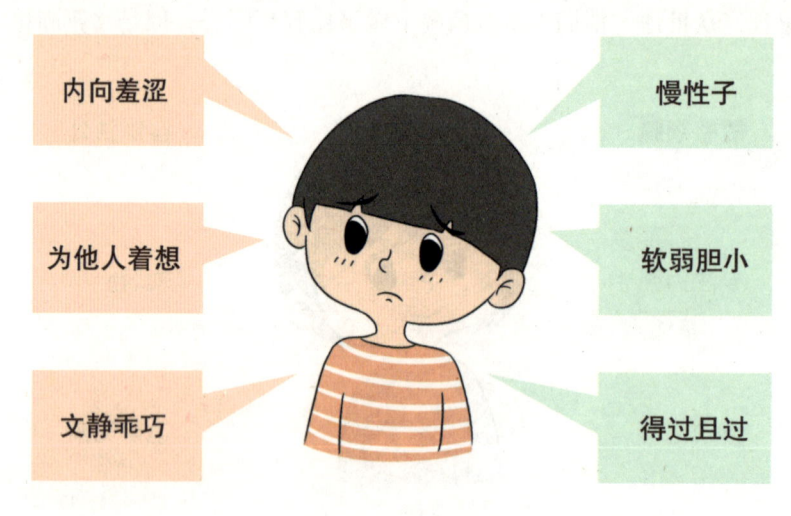

内向羞涩　　　　　慢性子

为他人着想　　　　软弱胆小

文静乖巧　　　　　得过且过

▲ 内向沉静型的孩子

和家长交流。

## 如何解决

### Step 1　针对性格活泼型的孩子

家长要多与孩子沟通交流，充分满足孩子的表现欲，并在沟通中尊重孩子的想法，以赢得孩子的认同。

在亲子共同制订计划表的时候，要根据孩子的性格特点来规划每天的日程安排，避免单一、枯燥。孩子适应了按照计划表做事的时候，家长可以将学习时间适当延长，同时，家长要明白，提高孩子的自制力不是一天两天就能完成的，需要家长和孩子长期坚持。因此，家长可以在时间表中融入一些提高孩子自制力的

亲子游戏等。

### Step2 针对性格温和型的孩子

家长应该充分尊重孩子的想法，甚至可以放手让孩子自己制订计划表，家长仅做拾遗补缺的工作，这样既尊重孩子，也能激发孩子的积极性。如果孩子没有按计划完成任务，家长最好不要当面批评，进行委婉的提醒，效果反而会很好。

### Step3 针对调皮捣蛋型的孩子

家长首先要做到耐得住性子，让孩子明白规则的意义，尽可能地遵守日常规则。

在此基础上，可以和孩子共同制订有创意的日常计划表，将孩子的创造性发挥到时间规划和日常学习中去。在制定日常时间表的初期，家长应当给孩子多预留一些时间，让他逐渐适应这种受到规则约束的生活方式，然后再逐渐安排任务更为密集的时间表，让孩子去挑战，这样能起到令人意想不到的效果。

### Step4 针对内向沉静型的孩子

家长给这类孩子制订计划是最为省心的，一般情况下，家长制订出什么样的计划表，孩子都会遵照执行，没有抗议，没有讨价还价。因此，家长在制订计划时更应该多考虑到孩子的真实需求和兴趣爱好，每隔一段时间，家长要主动和孩子沟通，了解孩子对时间表的想法，并进行适当的调整。

## 为什么孩子更需要仪式感

提到仪式感，让人不禁想到春节吃团圆饭、守岁、发压岁钱；端午节戴香囊、吃粽子、赛龙舟；中秋节赏月、吃月饼；等等。

**那么，仪式感与契约精神如何在时间管理中得到应用呢？**

当孩子开始执行计划表时，可以举行启动仪式，比如在工具上设置一个起点，让孩子在起点处签名。此外，还可以让孩子在计划表后做出承诺，可以添加一些特别的小仪式，如拉勾、击掌、签承诺书等。

### 如何分析

心理学家认为，孩子从出生后到成年前需要四种心理支持，分别是安全感、存在感、成就感和幸福感。可能很多父母想不到简单的家庭仪式感就能满足这四种心理需求，更让父母们想不到的是仪式感也有助于培养孩子的时间管理能力。

当孩子的生日到来时，父母给他举办一个小小的家庭聚会，还买来生日蛋糕，送给他生日礼物并祝福他健康快乐成长，这就是仪式感的一种表现。

▲ 孩子的生日庆典

父母这样做，孩子更自律

仪式感就是人们尊重和热爱生活的一种态度，就是让人感到今天和其他时间是不一样的，它能让我们感觉到幸福和温暖，会让我们牢牢地记住。

仪式感的形式有很多种，它的核心是爱的表达，可以体现在爱情中，可以体现在特定的节日中，也可以体现在日常生活中。

在很多家庭中，父母都重视孩子的学习，却忽视了仪式感，更没有把仪式感用在孩子的时间管理上，这也成为孩子不重视时间的原因之一。

孩子的时间管理能力差与他没有受到良好的契约精神教育有关。契约精神其实就是一种诚信精神，无论是双方口头约定或者是书面约定，一旦确定之后都要认真执行的一种态度。孩子在生活中随口承诺却又无法兑现的现象比比皆是，这就是不遵守契约精神的表现。当孩子没有受到仪式感熏陶和契约精神培养时，就很难成为时间管理的小高手。那么，我们应该如何将仪式感和契约精神与孩子的时间管理培养相结合呢？

## 如何解决

### Step1 将仪式感和具体时间管理内容相结合

父母可以将以往给孩子进行时间安排的命令模式转为和孩子共同进行时间管理约定的交接仪式，在仪式中郑重地将任务交给孩子，还可以在每个时间节点上设置相应的小仪式，带给孩子惊喜。

**TIPS!**

当孩子完成某项任务时，父母可以给孩子拍张照片，作为留念并贴在纪念墙上。当孩子能坚持一段时间准时作息后，父母可以奖励他一枚勋章。当我们将这些稍花心思就能想到的小小的仪式感融入孩子的时间管理生活中后，孩子就会得到满满的惊喜，有更强的动力去做得更好，亲子关系也会更加融洽。

## Step2 带孩子多参加相关的活动

在节假日的时候，父母可以带孩子参加与传统节日庆典等相关的礼仪活动，还可以鼓励孩子参加少年军校体验活动，让孩子在这些活动中体会到相关文化知识以及不同的仪式感，在潜移默化中增强孩子对仪式感的理解和认同。

| 传统节日及仪式 |||
| :---: | :---: | :---: |
| 名称 | 时间 | 仪式 |
| 春节 | 正月初一 | 吃饺子、放鞭炮、穿新衣、拜年 |
| 元宵节 | 正月十五 | 吃元宵、逛灯市、猜字谜、看烟花 |
| 清明节 | 4月5日前后 | 踏青、祭祀 |
| 端午节 | 五月初五 | 包粽子 |
| 中秋节 | 八月十五 | 吃月饼、赏月 |
| 重阳节 | 九月初九 | 登高 |
| 除夕 | 十二月廿九或三十 | 春节联欢晚会、守岁 |

## Step3 用仪式感增强孩子对契约精神的重视

孩子经常随口承诺，但是往往兑现不了，归根结底就是内心深处没有把这些承诺当回事儿。父母可以用仪式感解决这个问题，比如在与孩子做某些约定时，父母要让孩子先认真考虑自己是否能做到，当孩子认为自己可以做到时，父母可以和孩子进行签约仪式，并且告诉孩子一旦答应就要认真完成，不能中途反悔。

父母用这种方式增强孩子对承诺的重视感。当孩子没有完成任务时，父母不能不闻不问，一定要让孩子承担相应的后果，只有这样，孩子才会越来越重视契约精神。

# Part 3

## 帮助孩子建立正确的时间观

自驱力 懂时间管理的孩子更自律

时间是什么？

很多孩子在刚接触时间管理的时候，并不理解什么是时间，又该怎么安排和分配。很多时候，家长觉得孩子总是在浪费时间，是因为他们没有帮孩子树立正确的时间观，没有让孩子在日常生活中学会自我管理。

家长要教会孩子守时、惜时，更要让孩子懂得怎样利用、使用时间。

## 如何从小培养孩子的时间观

孩子上小学后，很多家长开始注重时间观念培养，希望孩子能够在短期内达到自己的期望。但是家长们美好的愿望常常被现实所击败，孩子对他们的要求并不理解，甚至有些抗拒，导致家长们精心安排的时间表很难得到落实。那么，问题出在哪里呢？

其实家长们走入了一个误区，那就是他们认为孩子的时间观念在短期内就能养成并有很好的效果，可事实并非如此。

### 上小学前 VS 上小学后

孩子上小学前，家长们并没有重视孩子的时间观念的培养。因为孩子的年龄还小，他们很难理解时间的概念，更加重视自己眼前看到的事情，对那些抽象的概念并不感兴趣。

当他们进入小学阶段后，就会受到学校的束缚，甚至在生活上也要以按时学习为主。这会让他们感到很不适应，如果家长的教育方法不得当，就会让孩子更加苦恼甚至抗拒。

## 帮助孩子建立正确的时间观

对家长来说，如果在幼儿园时期没有重视对孩子的时间观念的培养，突然在一年级这个时期要求他格外重视时间，这对孩子来说确实有些难，因为习惯的养成不是一天两天就能做到的。

在生活中，没有时间观念的孩子更注重自己的喜好和感受，并不在意时间。比如有的孩子玩电脑游戏很入迷，到了吃饭时间还是不想停下来；孩子在玩玩具的时候，家长让他们停下来去学习，他们就会很不乐意或者拒绝执行。孩子认为家长不顾自己的感受，是在强行要求他们把自己喜欢的事情放下，并没有意识到某个时间要做某些事情的重要性。

当孩子全神贯注地做自己喜欢的事时，如果家长简单粗暴地要求孩子放下手中的事情，很容易引起他们的反感。

▲ 唠叨的妈妈

**父母与孩子之间的较量：**

妈妈：我已经跟你说过了，玩半个小时后就要去写作业，现在时间到了，我要求你放下手机，不然我就要生气了。

孩子听后可能会恋恋不舍地放下手机，不情愿地打开书包去写作业。如果孩子在睡觉前玩得很开心，超过了约定时间还没有上床的意思，家长却强行阻止他，说"现在你马上去睡觉，已经很晚了，不然明天会没有精神""记住我让你做的事情，一定要按时去做"等。如果家长经常对孩子说这样的话，孩子不但会对家长的安排感到厌烦，还会产生时间是个坏东西、厌恶时间的感觉，不利于孩子正确认识时间。

由此可见，孩子没有良好的时间观念，不能规律地生活，其中相当大的责任在于家长。因此家长应该帮助孩子了解什么是时间，帮助孩子树立正确的时间观念。

## 如何解决

时间，看不见、摸不着，却又与我们的生活息息相关。生活是最好的学堂，为了直观地展示时间，我们可以借助沙漏、时钟和时间轴等时间工具。

### 沙漏

沙漏由两个玻璃球和一个狭窄的连接管道组成。沙子穿过狭窄的管道流入底部玻璃球，沙子漏完所需的时间即是沙漏时间。

我们可以通过沙漏工具来计算时间，如2分钟、3分钟等。当你为孩子准备一个沙漏，他看到沙漏中缓缓流动的小沙粒，会特别感兴趣。这时，他便开启了"十万个为什么"模式。

▲ 沙漏

孩子：妈妈，这里面是什么？

妈妈：沙子。

> 孩子：它们是怎么掉下来的？
>
> 妈妈：你看，这个沙漏的中间有一个很小的洞，沙子可以从洞里掉下来。
>
> 妈妈：我们来一起看看，沙子全部流完需要多长时间？
>
> 这时，你可以观察钟表时间，当沙子全部漏完时，秒表正好走完三圈，即三分钟。如此便形象地为孩子展示了"三分钟"的时间。

当孩子没有时间观念时，我们常常会说"再玩三分钟我们就回家"。可是三分钟很抽象，孩子对时间的感知又不成熟，又如何让他体验到三分钟到底有多长呢？有了沙漏这一工具，就可以帮孩子把时间的概念建立起来。

除此之外，还可以帮助孩子培养日常习惯。比如，当你要求孩子洗脸刷牙的时间必须有三分钟时，也就是沙漏全部流完之时。我们就可以把沙漏放到洗漱台，让孩子体验洗脸刷牙的三分钟。

## 时钟

在生活中，我们常用时钟来表示时间，圆盘式时钟是教授孩子认读时间最直接的工具。

**首先，我们可以从认识整点开始。**

圆盘时钟上有12个数字，把时间量化变成了圆盘上的数字。当孩子认识了数字后，就可以逐步帮助孩子认读。

"你瞧，这根又胖又短的针，它叫时针，当它指着数字几，便是几点钟。"这时，你可以指着时钟上的整点告诉孩子这就是几点。

此外，我们还可以将认读时间与孩子的生活习惯的培养结合在一起。比如，晚上9点该睡觉了，便可指着时钟问"孩子，现在几点啦"？然后再自问自答地指着钟面上的整点说"呀，9点了，现在该上床睡觉了"。久而久之，孩子对整点的认识会逐渐加深。

**其次，进入下一步认识半点。**

认识半点对孩子来说最大的难度就是让他理解分针走到6时，指的是30分钟。圆盘式的钟表有一圈整点数字，没有24小时的数字，整点之间更没有分钟的数字。

这时，我们不妨动手制作一个钟表教具。在最外圈画上分钟的数字，然后写上1—12的整点，在内圈附贴上13—24的数字，如右图。

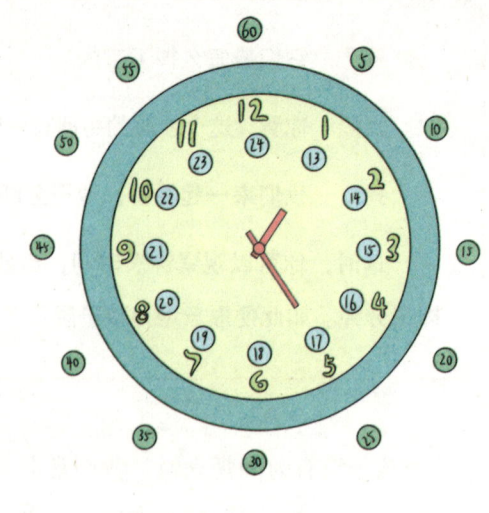

▲ DIY时钟

这时，钟表有三圈，最外圈是分钟数字，中间圈是整点，最内圈显示的是24小时，这样时钟上便有了分钟的数字。插上时针和分针后，交给孩子，他会顺时针、逆时针地转个不停，也会观察到分钟转动时，圈内还有数字。

这时，你可教他：钟表内又细又长的针，叫分针。我们拨动它转一圈，就是60分钟。这时拿来家里常用的闹钟，对照着DIY的表盘，告诉孩子：当分针转动一圈时，时针也有了变化。

慢慢地，孩子的脑海中便有了整点和半点的时间概念。我们可以随时抽查，问问他"几点啦"？年龄稍大些的孩子，我们可以和他一起，将钟表内的时间列为一日时间轴，可以更加直观地了解时间。

## 时间轴

如果说沙漏帮助孩子感受时间，时钟帮助孩子认读时间，那么时间轴可以让孩子理解时间和自身的联系。

我们要教孩子认识时间，一定是从"一天"的时间开始讲起。时间轴是把钟表的时间横向展开，把抽象的时间分为具象的时间段，这就需要家长和孩子一起将时间变成生动的图画。注意：整个过程尽量让孩子参与讨论和体验，每一个步骤都是让孩子理解时间的关键。

## 帮助孩子建立正确的时间观

时间轴的作用主要是让孩子知道每天都是一个循环的过程。对于年龄小的孩子来说，通过时间轴可以了解白天和黑夜、上午和下午这些大块的时间段。同时，家长还可以根据时间轴来培养孩子的生活作息，将入睡时间、起床时间、吃饭时间标注到时间轴上。因为标注了，才会引起孩子的关注，我们还可以在时间轴上绘上生动的图案，或是将卡通形象制作成能移动的小零件，让孩子在游戏中理解时间、体验时间。

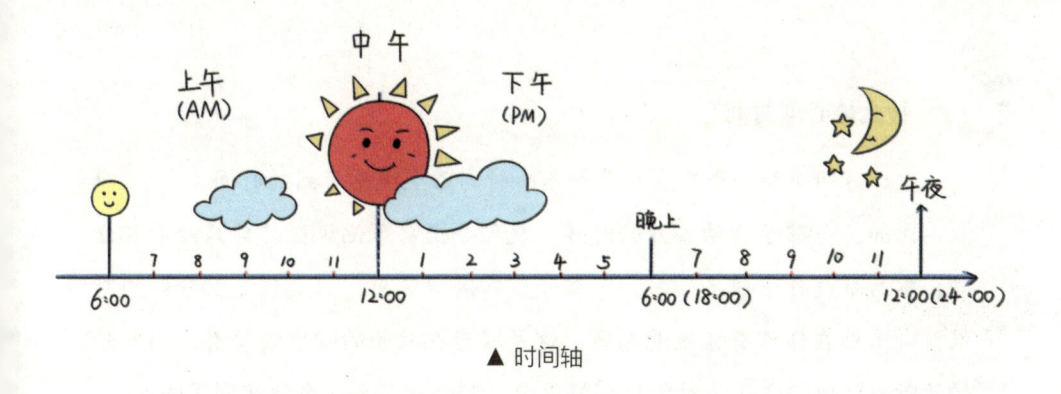

▲ 时间轴

我们可以根据时间轴来帮孩子树立时间观念，让他懂得时间和他自身的关系。

我们将孩子一天中，每个时间段做的事情用方块的形式和不同的色彩表达出来，在他的脑海中初步形成"一天时间的分配"的图表。这样不仅可以具象地展现时间，还可以在孩子心里种下时间管理的种子。

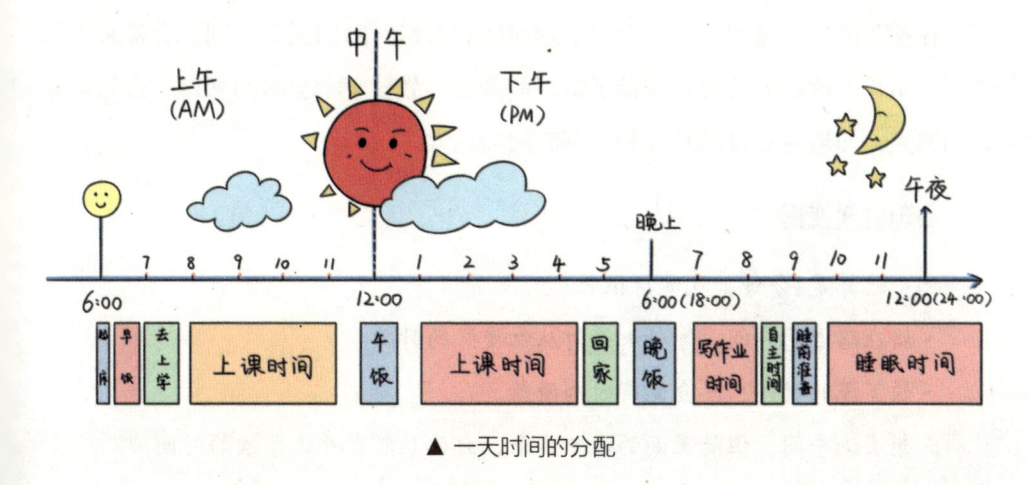

▲ 一天时间的分配

自驱力 懂时间管理的孩子更自律

## 如何区分心理时间和自然时间

对于时间，家长总会遇到一个绕不过的难题，那就是孩子对时间的理解总是不能和家长同步。教孩子时间管理，说到底是要教孩子学会区分心理时间和自然时间。

**什么是心理时间？**

心理时间是指一个人在做某件事情时自己主观感受到的时间。

比如，当孩子看动画片的时候，我们会提前跟他说："你只能看20分钟，然后就关掉电视去学习。"孩子常常满口答应，但是到了20分钟的时候，却依然在津津有味地看电视。这是因为在孩子的心中还没有达到20分钟的时间，他们会认为时间过得好快啊，20分钟怎么这么快就到了呢？

自然时间是指钟表的时间，比如每天24小时，对每一个人都是公平的，它不会因为某个人地位特殊而给予更多的时间，也不会因为某个人贫穷而给予更少的时间。所以它是客观存在的，不以人的意志为转移。

在孩子的成长过程中，他们对心理时间和自然时间的感受不同，会带来不同的行为结果。所以家长要培养孩子的时间观念，教孩子学会时间管理。这就需要做到两点，即培养对自然时间和心理时间的感觉。

**心理时间变慢**

例：就算是1分钟，也觉得很长。

·堵在路上的时间，等待红绿灯从红变绿的时间。

·快下课的时候，总会觉得时间漫长。

·想去洗手间，但是里面的人不出来，自己只能在外边等候的时间。

**心理时间变快**

例：飞快的1分钟。
- 快到约定日期，着急赶时间的时候。
- 周五晚上一家人看电影的时候。
- 和好朋友在家玩游戏或聊天的时候。

**如何解决**

### Step1 用兴趣改变孩子的心理时间

当孩子做自己喜欢的事时，内心的阻力是最小的，他自然感觉时间过得飞快；相反，如果被迫去做厌烦的事，心理时间便会被人为拉长，做事过程就倍觉煎熬。因此，家长可以帮助孩子拓宽他的兴趣领域，让孩子了解到那些不喜欢的事其实也有有趣好玩的一面。

此外，心理预期也是影响心理时间的重要因素。比如，孩子越盼望着下课，感觉时间过得越慢。心理预期会干扰孩子的正常判断，如果想让孩子有合理的时间观念，家长要注意降低孩子的心理预期，不要太急。

### Step2 教孩子做好情绪管理

小学阶段的孩子处于身心发育的关键时期，他们的情绪变化比较快。孩子面对不喜欢的事，会极力拒绝。家长运用说教、责备、打骂、恐吓等手段，短时间内会有些许效果，但在无形中破坏了孩子的心理时间，增加了心理阻力，只会越催越慢、越慢越催，使孩子陷入负面情绪的恶性循环中。

遇到这种情况时，家长应采用正强化的方式，发现孩子的进步，并及时给予肯定，或是跟孩子聊聊天，转移注意力。

比如，爸爸看到儿子放学回来后不太高兴，没有催孩子去写作业，而是和他聊起了天。原本情绪低落的儿子听到爸爸宽慰的话后，心里会非常高兴，就会把自己的苦恼倾诉出来，当他得到爸爸的指点并解决了自己的烦恼后，心情自然就会变好。这时爸爸再要求儿子去完成今天的学习任务，儿子就会高兴地遵照要求去做。

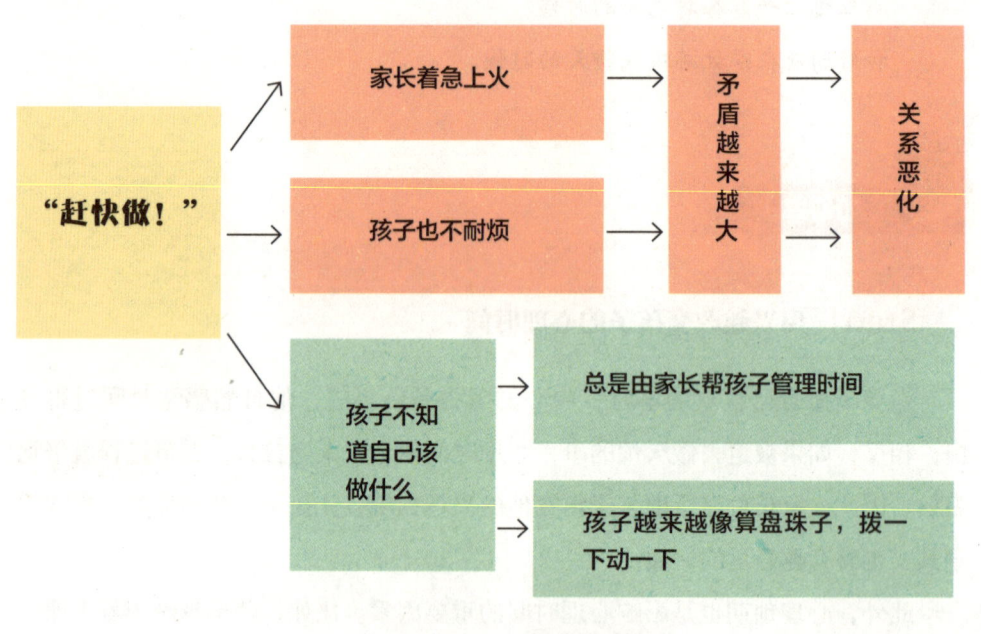

▲"赶快做！"的恶性循环图

### Step3 记录时间，加深对自然时间的觉察

在生活中，孩子由于年龄较小所以自控能力较差，而且做事会随着自己的喜好而变化，很难对自然时间有准确的把握，因此常常浪费了很多时间。这时家长可以让孩子在日常生活中记录做每一件事情的时间，以此提高孩子对时间的认识。

家长们可以送给孩子漂亮的手账本，让孩子做时间记录。通过记录来发现问题，比如是否低估了作业的难度或者是高估了自己的速度，以便帮助孩子修正判断——早点开始做，为难题多留一些时间。另外，还可以帮助家长监测孩子的单项效率，比如做一页练习题通常需要多久，最快又是多久。这样，孩子慢慢就能把握自己的速度了。

帮助孩子建立正确的时间观

我们可以坚持这个方法，让孩子自己记录、自己分析，这样便可逐渐养成高效的习惯。当然，我们要允许孩子的速度有快有慢，不要过度苛责。一定要记得，这样的记录不是监工的手段。

▲ 各种手账本

### Step4 培养孩子在遵守自然时间上的耐心和定力

家长在引导孩子了解心理时间和自然时间时，还要注意培养孩子的耐心和定力。小学阶段的孩子往往缺乏耐心，比如，在完成作业的时候，无法遵守自然时间，中途总会感到不耐烦或者想去做其他事情。因此，家长应该采用多种办法提高孩子做事情的耐心和定力。比如家长可以鼓励孩子进行适度的长跑运动，或者做一些需要有较高定力的复杂的手工活，以此提高孩子的抗干扰能力。

经过一段时间有针对性的训练后，孩子的耐心就会得到有效的提升，这时家长再引导孩子按时间计划做事，就能取得比较理想的效果。

## 你和孩子的"时间"存在哪些距离

"时间"是很多家长口中的高频率词汇,"你快点起床,时间来不及了!""你怎么还有时间在这里磨磨蹭蹭的,快去写作业!""你能不能快点把饭吃完?没时间了"……这些催促的话,相信每一位家长都经常会对孩子说。

在成人的眼中,时间是多么宝贵的东西,一分一秒溜走了永远都不会回来,可在孩子的脑海里时间到底是什么?

下面,我们通过表格的形式,看看孩子是怎么看待"时间"这个概念的。

| 时间在父母和孩子眼中的不同 |||
|---|---|---|
| 父母眼中 | 时间 | 孩子眼中 |
| 起床洗漱,准备吃饭 | 7:30 | 困,还没睡醒 |
| 开始一天的学习 | 8:00 | 饿了,吃早餐 |
| 午餐时间 | 11:30 | 玩耍时间 |
| 午休时间 | 14:30 | 玩耍时间 |
| 晚餐时间 | 17:30 | 放学时间 |
| 写作业时间 | 19:00-20:00 | 玩耍时间 |
| 洗漱,准备睡觉 | 20:30-21:00 | 电视、手机游戏时间 |

### 如何解决

因此,当家长了解了自己和孩子在时间观念方面的差异时,就要想办法解决这个问题。

帮助孩子建立正确的时间观 3 Part

### Step1 鼓励孩子重视并记住当下的事情

我们回忆儿童时期的事情时，往往也只能记起来一些重要的片段，其他很多事情已经想不起来了。孩子在成长中大多也是这种情况，而这也是孩子对时间不敏感的原因之一。

因此家长应该鼓励孩子重视当下，重视每一天的生活和学习。如果条件允许的话，家长可以引导孩子写日记。

**TIPS!** 以日记的方式记下当天的事和自己的感想，也可以用绘画的方式把孩子认为一天中最有趣的事画下来，并配上简短的对话。家长还可以与孩子一起制作一日时间图表，如下图所示。

▲ 一日时间图表

## Step2　引导孩子在成长中感受时间的变化

家长对时间的认识是逐步加深的，对时间的管理也是在一步一步地完善着。孩子还处在对时间的探索期，因此在时间管理方面出现一些错误时，家长要用宽容的眼光去看待。

孩子每天都在成长，他们对身边的事物会不断产生新的认识和感受。如果家长用发展的眼光看待孩子在时间管理方面的进步，就会发现自己之前忽略了很多事情。

比如孩子在小学一年级的时候浪费时间的现象很严重；当他到了小学二年级时，已经有一定的自控能力了，明显学会了在计划好的时间内去做计划中的事；当他到了三年级的时候，自控能力得到大大提升，更加懂得合理利用时间。所以家长应该根据孩子不同的年龄，进行相应的引导和帮助，而不能拿过高的要求去机械对标孩子。如果那样的话，反倒可能造成欲速则不达的后果。

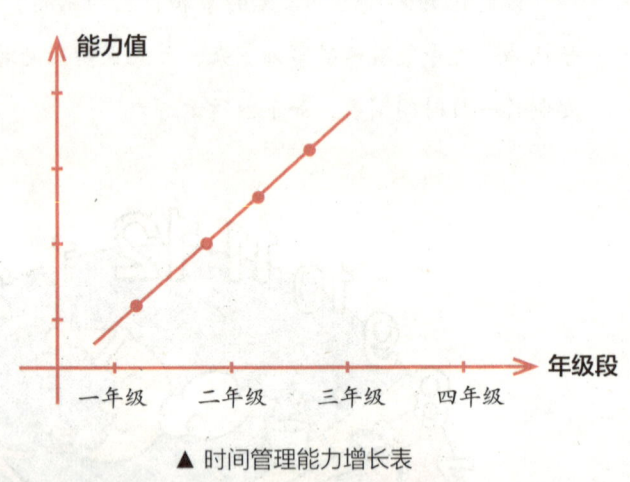

▲ 时间管理能力增长表

## Step3　让孩子看到家长对时间的真实态度

家长是孩子的第一任老师，家长在生活中的一言一行都会对孩子产生无形的影响。家长在时间管理方面的做法也会直接影响孩子对时间的看法。

日常生活中，家长不但要积极提高自己的时间利用效率，管好自己的时间和工作事务，还要让孩子看到自己对待时间的态度，特别是当自己浪费时间，没有利用好时间时所表现出来的痛惜和后悔之情。当孩子看到父母的言行一致，而且是真正地重视时间的时候，他的心里也会对时间更加重视。所以说，家长的实际行为远远比一味唠叨或者单纯讲道理的效果更好。

# Part 4

## 超有效的时间管理工具

> 时间管理，听起来简单，做起来却是难上加难，很多家长一开始总感觉无从下手。
>
> 其实，做好时间管理，有时候你只需要一份清单、一张表格、一沓贴纸。家长在教孩子时间管理时，要以身作则，不能只对孩子严格，而对自己放任。家长还要引导孩子体会管理时间的乐趣，不要一言不合就发无名火。这样的态度，对孩子既是一种伤害，也是一种打击。
>
> 用好以下三大时间管理工具，相信家长们肯定能顺利引导孩子树立正确的时间观。

## 为什么总是在睡觉前发现作业没写完

不少家长有这样的经历，每到上床休息的时候，孩子却大呼小叫地说：

"我还有作业没写！"

"我还有东西没整理！"

"我的书包还没整理！"

家长看到这种情况经常会火冒三丈，训斥孩子：

"这些事情早就该做了，你怎么还没做？现在都快睡觉了，你还有这么多事没做？真是急死人！"

"快把作业写完，写完再睡觉！"

家长的训斥让孩子尝到了没有完成任务的苦果，但结果是孩子第二天没精打采地去学校。过一段时间后，孩子又会出现这种问题，周而复始。

针对上述情形，家长往往是严厉批评之后再帮孩子尽力补救，或者让孩子带着遗憾去上学。他们认为孩子得到了相应的惩罚，会改正坏习惯，但现实是孩子仍然经常犯同样的错误。可见，这并不是一个很好的解决方法。

因此，家长应该从就事论事的处理方式中跳出来，用时间管理的思维帮孩子解决这类问题。

清单法是一种有效的时间管理方法。它在帮助孩子理清每天的事务，特别是早晨和晚上的任务时有很大的益处。它也是时间管理中最简单、最有效的一种方法，被广泛应用在工作、生活和学习中。

| 任务清单 | 惯例表 | 日程表 |
|---|---|---|
| ☐ 数学练习册<br>☐ 语文书写<br>☐ 英语预习 | ☐ 9:00　喝水<br>☐ 10:00　打扫卫生<br>☐ 11:00　做饭 | 周一<br>☐ 9:00-10:00　阅读<br>☐ 11:00-12:00　放学回家<br>……<br>周日<br>☐ 8:00-9:00　打扫卫生<br>☐ 15:00-16:00　整理书柜 |

▲ 各式清单

简单地说，清单法就是把每天或者未来几天要做的事情全部写出来，进行排列组合后一一去完成的一种事务处理方法。

众所周知，我们不能把未来一天要做的所有事情都清晰地记在心中并一一付诸实施。大多数情况下，仅凭大脑记忆，每天都会漏掉一些事情，这就会给工作和生活带来不必要的麻烦。

同理，小学阶段的孩子处理事情的能力较弱，更不可能凭借记忆把所有要做的事情都记下来，遗漏是在所难免的。家长如果听之任之，就会发现孩子每天的

**自驱力** 懂时间管理的孩子更自律

生活既忙碌又混乱。其实,我们用一支笔和一张纸就能解决这个问题,何乐而不为呢?

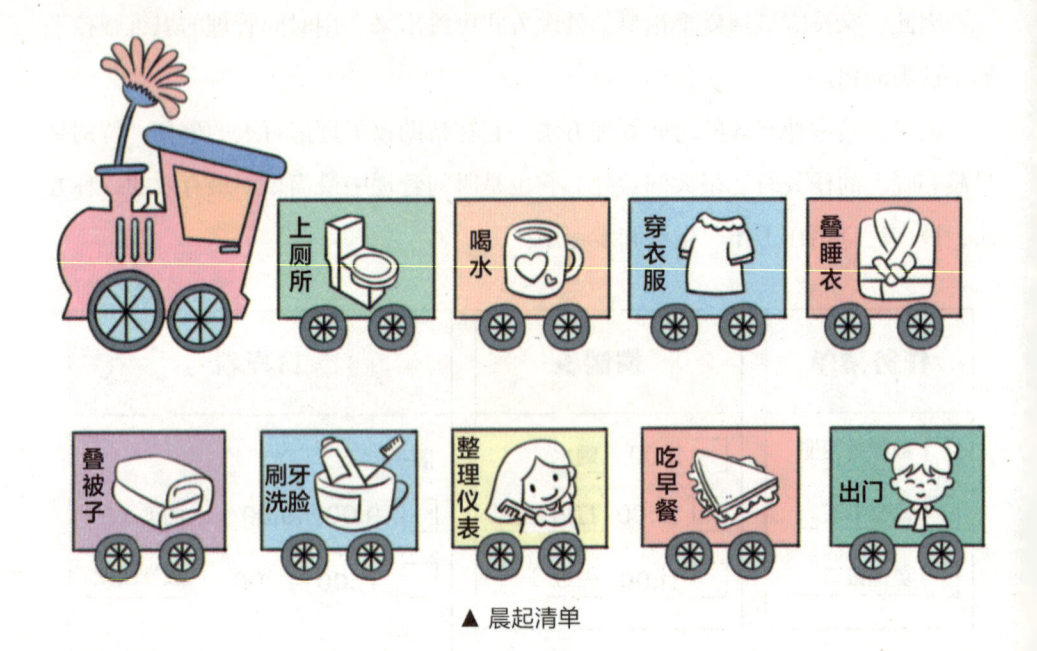

▲ 晨起清单

### 小贴士

早晚清单是为年纪比较小的孩子设计的,目的是规范作息,培养健康的生活习惯。孩子的时间观念不强,可以将早晚清单设计成趣味打卡模式,不设定时间。强调孩子的完成度,建立初步的秩序感。

**设计原则** 生动的卡通图标,配色醒目,核心是满足孩子的视觉需求,激发兴趣。

**使用贴士** 建议贴在儿童房的醒目位置。打印后塑封,用可擦写的马克笔或贴纸打卡,可反复使用,节能环保。

**使用心得** 除日常惯例,还可添加一些早安、晚安吻之类甜蜜的小任务,生活需要仪式感,育儿也一样。

我们利用清单法就能让孩子知道一天有多少事情等待他去做,比如每天在学习方面需要做哪些事情,在生活方面需要做哪些事情,然后根据这些事情进行相应的时间安排，在很大程度上就能避免孩子出现上文中的情况。

对孩子来说，他们对自己第二天以及未来一段时间所要做的事情也有了较为清晰的认识，减轻了做事情的盲目性。同时，还有利于提高自身做事的责任感。

更重要的是，家长教孩子学会利用清单法处理日常事务的同时，也让孩子学会了一种思维方式，这对他们以后处理其他事情大有裨益。

| 一日时间表 ||||
|---|---|---|---|
| 时间 | 内容 | 时间 | 内容 |
| 7:00-7:10 | 起床 | 18:40-19:00 | 吃晚饭 |
| 7:10-7:30 | 洗漱、吃饭 | 19:10-19:40 | 练钢琴 |
| 7:30-8:00 | 晨读 | 19:50-20:30 | 做运动 |
| 8:30-17:00 | 上学 | 20:40-20:50 | 吃水果 |
| 17:10-17:35 | 写作业 | 20:50-21:20 | 洗澡 |
| 17:40-18:10 | 楼下活动 | 21:20-21:40 | 亲子阅读 |
| 18:10-18:40 | 玩玩具 | 21:50 | 睡觉 |

自驱力 懂时间管理的孩子更自律

## 如何解决

具体来说，家长在教孩子用清单法处理日常事务时，有以下几点可供参考。

### Step1 亲子共同制订清单

有的家长认为制订时间管理方案和日常事务清单是自己的责任，自己会做得更加完美，让孩子做就会有各种遗漏，因此他们常常大包大揽，总是把制订好的计划表交给孩子去执行。

但是这种方式不能激发孩子的积极性，也不利于孩子形成时间管理习惯。因此家长应该把制订清单的任务交给孩子，鼓励孩子把能想到的事情都写下来，然后家长再来查缺补漏。

**TIPS!**

在制订清单时，家长还可以引导孩子按照时间顺序列出常做的事情，或者告诉孩子可以按照学习、生活、娱乐等分门别类写下要做的事情，这样就能在很大程度上避免遗漏。孩子每天在做事情前，先想一想都有哪些任务，列一个清单，按照清单顺序一一去完成，长期坚持会提高他们对事务的处理能力。

### Step2 鼓励孩子制订主副任务清单

主副任务清单的意思是将清单分为两份：主清单用来记录未来几天内要完成的事情，副清单记录日常必做的事情。

在制订主任务清单时，家长可以引导孩子把未来一周或两周的学习任务列出来，然后将之分解细化为每一天所要完成的内容。这样有利于孩子清晰地掌握自己每天的学习任务，防止作业完不成的情况出现。

家长在帮助孩子制订副任务清单时，要提醒孩子把学习任务和生活任务分开制订。比如一张纸上可以分为两栏，一栏是学习任务，另一栏是生活事项，这样看起来会更加清晰明了。

| 主副任务清单 ||||
| --- | --- | --- | --- |
| 学习任务 || 生活任务 ||
| 背单词 | ☐ | 吃饭 | ☐ |
| 写作业 | ☐ | 洗漱 | ☐ |
| 口算 | ☐ | 整理 | ☐ |
| 作文 | ☐ | 玩耍 | ☐ |
| 绘画 | ☐ | 休息 | ☐ |

### Step3 每天对清单进行总结和调整

我们都知道，无论多么完美的计划，如果仅仅是停留在纸面上，那是没有意义的。为了避免出现这种情况，家长在和孩子共同制订完任务清单后，还要督促孩子按照清单去执行，每天都进行清单任务总结。

比如，家长可以和孩子在晚上休息前回顾当天的事情，让孩子在做完的任务后面打对钩，没有完成的任务后面打叉，并且分析没有完成的原因，还可以根据具体情况调整之后每天的任务和所用时间，这种方式对每天早晨和晚上的时间处理特别有帮助。

**TIPS!**

在睡觉前，家长可以让孩子拿着清单对照自己是否整理好了用品，是否完成了作业等，然后再上床休息。早晨起床后，家长让孩子按照任务表去洗漱、吃饭，检查学习用品等，有了规范的流程后，孩子就不会因为丢三落四而着急上火了，家长也会因此省心很多。

**自驱力** 懂时间管理的孩子更自律

| 专　题 | 清单升级版 |

● 学习任务表

　　列清单的方法可以帮助孩子规划各项任务，适用于学前班和小学低年级的孩子，目的是培养孩子的任务意识及自控能力。

　　孩子在学校，课堂时间和学习时间都是一样的，放学后的时间才是他们拉开差距的重要分水岭。所以，孩子的自我管理能力至关重要。

家庭学习任务表

| 周一 | 周二 | 周三 | 周四 | 周五 | 周六 | 周日 |
|---|---|---|---|---|---|---|
| 语文 | 数学 | 语文 | 英语 | 英语 | 语文 | 自由安排 |
| 数学 | 英语 | 数学 | 语文 |  |  |  |
| 英语 | 语文 | 英语 | 数学 | 作文 | 积木 | 钢琴 |

▎**设计原则**：用独特的图解方式，规划每天的学习任务。卡通模板，配色绚丽，各科学习任务明确。

▎**使用贴士**：打印后贴在学习桌前，抬头可见。不规定执行时间，也不限制各项任务的完成顺序，赋予孩子一定的自主权。

▎**使用心得**：当孩子能独立完成任务表时，就初步具备了任务管理的能力，家长可以给予一个里程碑式的奖励。

## ● 家庭作业表

　　家庭作业记录表是小学生必备的图表。老师留的作业，孩子要能做到独立记录、独立规划、独立完成，自己为自己负责。

| 任务＼时间 | 周一 | 周二 | 周三 | 周四 | 周五 | 周六 | 周日 |
|---|---|---|---|---|---|---|---|
| 口算 ＋－×÷ | | | | | | | |
| 作文 📖 | | | | | | | |
| 绘画 🎨 | | | | | | | |
| 音乐 🎵 | | | | | | | |

| 妈妈大讲堂 | 周一 | 周二 | 周三 | 周四 | 周五 |
|---|---|---|---|---|---|
| 1 | | | | | |
| 2 | | | | | |
| 3 | 📖 | 📖 | 📖 | 📖 | 📖 |
| 4 | | | | | |

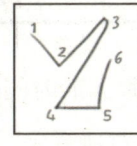

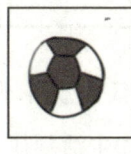

语文　　数学　　英语　　运动　　手工　　桌游

▎**设计原则**：小学生的读写能力更强，所以作业记录表以文字为主，减少视觉化的元素，但依旧延续活泼的配色风格。

▎**使用贴士**：每周打印一张，记录完成后，按时间顺序装订成册。每月末和孩子一起复盘，评估完成度，给予奖励。

## 如何改掉孩子拖拉磨蹭的习惯

有些家长在给孩子制订了日常任务表后，发现孩子的完成情况并不理想。曾经有家长这样抱怨说：

> 我把孩子第二天要做的事情详细地写在纸上后贴在墙上，让他第二天早晨看到并照着做。结果前两天执行力还可以，后面就开始懒散了，做什么事情都是拖拖拉拉的，催一催才动一动，真是个"小磨蹭"。

孩子之所以出现这种情况，主要原因就是他的时间观念没有树立起来。孩子虽然知道自己每天要做哪些事情，但是他并不清楚需要花费多少时间，这也导致日常任务表流于形式。

因此，家长在和孩子制订每天的任务表时，要把每件事情的起止时间写清楚，让孩子能明确地知道做事情的时间要求，以此提升他对时间的敏感性和做事的效率。

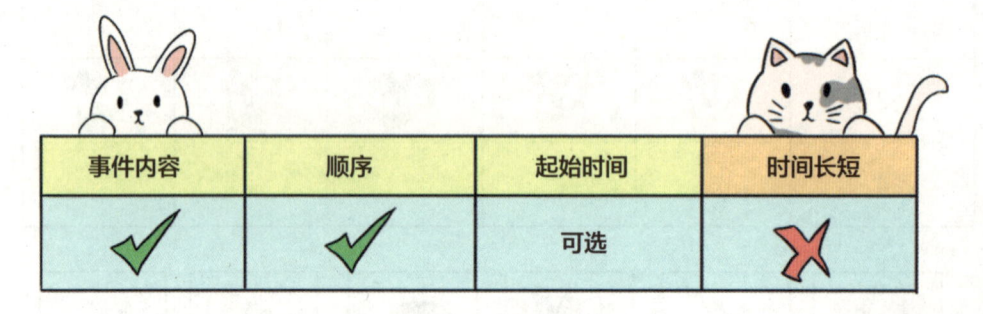

| 事件内容 | 顺序 | 起始时间 | 时间长短 |
|---|---|---|---|
| ✓ | ✓ | 可选 | ✗ |

另外，家长要明白制订任务表并不是简单地按照每天的时间顺序把事情列好，而是要根据孩子的学习和生活规律以及学习能力，对他每天所要做的事情进行充分评估后规划出科学合理的时间。

比如，家长可以在孩子精力旺盛的时候安排他学习，在疲惫的时候安排他休息或者休闲娱乐。

在安排孩子学习时，如果孩子的记忆力很好，家长可以将背诵任务安排较少的时间。如果孩子的数理逻辑能力较强，家长就可以将数学作业的时间留少一些，其他科目留多一些。如果孩子学习语文的能力很强，家长可以和孩子约定用尽可能少的时间去完成语文作业等。

| 时间点 | 项目 | 时长 |
| --- | --- | --- |
| 7:00 | 起床、穿衣 | 15分钟 |
| 7:30–17:00 | 上学 |  |
| 17:30–18:00 | 放学、晚餐 |  |
| 18:30–20:00 | 语文 | 20分钟 |
|  | 数学 | 30分钟 |
|  | 英语 | 15分钟 |
| 注意：根据孩子自身能力来确定作业时长 |||

为了培养孩子对时间管理的兴趣，调动他的主动性，家长可以让他多参与每天任务时间表的制订工作，鼓励孩子对自己做事情的时间进行评估。

在制订时间表的初期阶段，孩子在评估时间时会出现各种问题，这是正常现象。家长可以给孩子指出问题所在，帮孩子分析为什么会出现这种问题，以及如何寻找解决方法。

在亲子互动中，孩子快乐地完成时间表制订的任务给他带来的感受，远比家长不断制订出任务表交给孩子去执行有趣得多，孩子也更容易接受。

小学阶段的孩子对身边事物的认识大都处在感性阶段，他们往往以自己的兴趣为基础来判断对事情的接受程度。家长可以根据孩子的这个特点绘制好玩有趣的小图标，来丰富时间表，以此激发孩子的内驱力。

| 讲故事 | 动画片 | 学习 | 睡觉 |

| 活动筋骨 | 奇思妙想 | 拍皮球 | 构建游戏 |
| --- | --- | --- | --- |
| 画画 | 做手工 | 洗内衣 | 吹泡泡 |

▲ 趣味小图标

另外，在任务时间表的执行中，家长还要经常提醒孩子对时间表进行调整，对不合理的部分进行修改，根据实际情况加入新的内容。

### 如何解决

具体来说，如何利用每日的任务时间表改变孩子拖拉磨蹭的毛病，具体有以下方法供家长们参考。

### Step1 制订科学的每日时间表

家长在与孩子一起制订时间表时，要注意孩子的承受能力，时间表不能排列得太满，不能让孩子从早晨一直忙碌到晚上。在进行任务安排时，内容要劳逸结合，要有集中精力学习的时候，也有放松休息的时间，一张一弛才能提升学习效率。

超有效的时间管理工具

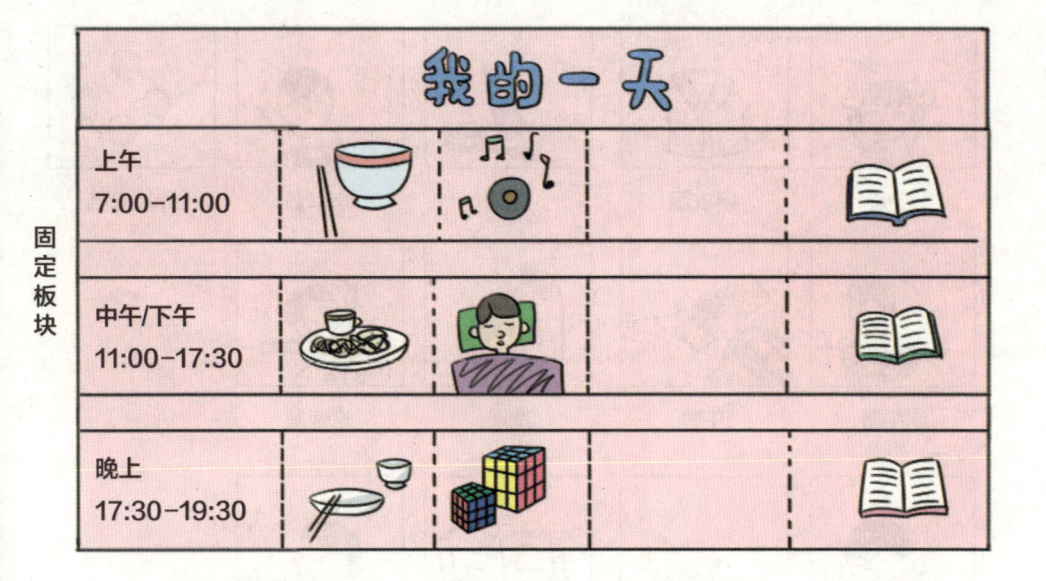

▲ 每日时间表

### Step2 用孩子喜欢的方式来装饰时间任务表

每个孩子都喜欢有趣、好玩的东西，如果家长将每天的时间任务表做成可爱的卡通形式或者孩子喜欢的风格，就容易激发孩子的兴趣。

任务表中的内容也可以用多种方式灵活展现。比如早晨、中午、下午和晚上，不同的时间段用不同的颜色来表示；学习、娱乐、特长等不同的内容可以用不同的字体或者卡通形象表示。孩子每完成一项任务就可以在任务的后面贴一朵小红花，来进行激励。

家长用这样的方式可以大幅度提升孩子积极参与的热情，也能在很大程度上减少孩子磨蹭拖沓的情况。

| | | | | |
|---|---|---|---|---|
| 起床 | 换衣服 | 洗漱 | 吃早餐 | 计划总结 |
| 吃午餐 | 午睡 | 洗澡 | 吃晚餐 | |
| 洗漱 | 换睡衣 | 睡前阅读 | 睡觉 | |
| 英语复习 | 数学练习 | 英语磨耳朵 | | |

▲ 图标小装饰

### Step3 要严格执行制订出的任务时间表

在生活中，无论家长和孩子制订出多么科学的任务时间表，无论用多么有趣的方式吸引孩子积极参与，还是会出现倦怠或者偷懒的情况。

这时，家长就要扮演监督者的角色，要求孩子严格执行，时间表一定要在规定的时间内完成。如果孩子没有完成任务，就要受到一定的惩罚。比如减少玩游戏、看电视的时间，或者减少零花钱等。以此提醒孩子完成自己的任务是他不可推卸的责任，也是他成长过程中必须要经历的阶段。

## 超有效的时间管理工具

**1.如果孩子没有按计划执行，怎么办？**

时间表对于孩子来说极具挑战性，孩子没有完全按计划执行的情况极有可能发生。所以，在执行过程中，家长务必要监督、监督、再监督。如果执行的效果一直不理想，或许需要暂停项目，根据实际情况分析是否调整或降低计划的执行难度。

**2.我们家用过类似的表，完全没用，怎么办？**

（1）时间趣味表不是让你直接扔给孩子一个做好的表格，让他去参照执行，而是请孩子也参与到制订过程中来。

一张你做好的时间表，反映的是你希望孩子做到的；一张孩子参与制订的时间表，体现的是他有兴趣做到的——这是本质的差异。没有人喜欢接受一个强加给他的工具，即便表面接受，也缺乏发自内心的动力。

（2）只是执行，没有其他。

有了时间表，孩子就会乖乖地执行，认真地完成，可能吗？答案是，恐怕不太可能。

使用工具的好处，就是在孩子"做不到"的时候，让工具说话。要提醒孩子："看看你的时间表，接下来该做什么了？"而不是直接指责，与孩子陷入权力之争。

| 专 题 | 花式趣味时间表 |

## 时间保卫战

孩子慢慢长大，有了时间概念，就可以引入划分时间段的趣味表了，帮孩子梳理一天的时间，打好时间保卫战。

| \multicolumn{3}{c}{作业内容} |
| --- | --- | --- |
| 时间 | 内容 | |
| 7:00-7:20 | 起床 | |
| 7:20-8:00 | 晨读 | 时间可拉长 |
| 8:15-17:00 | 上学 | 检查书包 |
| 17:30-18:00 | 户外活动 | |
| 18:30-19:00 | 晚餐 | |
| 19:00-19:40 | 练琴 | 熟悉新曲目 |
| 19:40-19:50 | 吃水果 | |
| 20:10-20:40 | 写作业 | 家庭作业<br>学校作业 |
| 20:45-21:00 | 洗澡 | |
| 21:00-21:10 | 学英语 | 分级阅读 |
| 21:10-21:30 | 睡觉 | |

## 超有效的时间管理工具 Part 4

这款时间表特意做成活动卡片模式，有两大特点：第一，把一天24小时分成多个时段；第二，每个任务做成一张活动卡片，可自由搭配组合。

**设计原则**：时间醒目，排版简洁，文字比重变大。感兴趣的家长还可以制作丰富多样的任务卡片，加入可爱的时钟图标。

**使用贴士**：硬卡纸打印，把活动模块剪裁备用。借鉴幼儿园背景墙的想法，用蓝丁胶粘贴、软木板钉、卡片插袋等方式布置。

**使用心得**：家长提供任务卡片，鼓励孩子以拼图游戏的方式参与时间表的设计，培养孩子初步的自主意识。

### 我的一天

上天是公平的，给每人每天24个小时。通过有效的时间管理，时间才不会白白溜走，孩子也会收获更多，成长更快。

日程表强调时间、任务以及两者之间的关联。与划分时间段的趣味表的原理大同小异，但包含的项目数量明显增多，任务更细化。

### 我的一天

| 时间 | 内容 |  | 时间 | 内容 |  |
|---|---|---|---|---|---|
| 7:00-7:10 | 起床 |  | 18:40-19:00 | 吃晚饭 |  |
| 7:10-7:30 | 洗漱、吃饭 |  | 19:10-19:40 | 练钢琴 |  |
| 7:30-8:00 | 晨读 |  | 19:50-20:30 | 做运动 |  |
| 8:30-17:00 | 上学 |  | 20:40-20:50 | 吃水果 |  |
| 17:10-17:35 | 写作业 |  | 20:50-21:20 | 洗澡 |  |

续表

| 时间 | 内容 | 时间 | 内容 |
|---|---|---|---|
| 17:40–18:10 | 楼下活动 | 21:20–21:40 | 亲子阅读 |
| 18:10–18:40 | 玩玩具 | 21:50 | 睡觉 |

### 一天的计划

| 时间 | 计划 | 进度 | |
|---|---|---|---|
|  |  | ✗ | ✓ |
|  |  | ✗ | ✓ |
|  |  | ✗ | ✓ |
|  |  | ✗ | ✓ |
|  |  | ✗ | ✓ |

### 计划选取内容

| | | | |
|---|---|---|---|
| 起床 | 睡觉 | 看电视 | 游泳 |
| 喂宠物 | 早餐 | 洗漱 | 做家务 |
| 午餐 | 晚餐 | 散步 | 洗衣服 |
| 看书 | 学习 | 玩积木 | 做运动 |

**设计原则**：设计已接近成人的时间管理工具，排版简洁。仍加入视觉化元素，通过巧妙的配色，突出重点，帮孩子理解运用。

**使用贴士**：日程表比较固定，建议用相应配色的相框装裱起来，挂在墙上，也是儿童房一道独特的风景。

**使用心得**：为了孩子的身心健康，合理的日程安排，一定要做到三个保证：

1.保证睡眠充足，培养良好的作息习惯；

2.保证张弛有度，避免长期近距离用眼；

3.保证劳逸结合，室内和户外活动穿插。

## ● 有条不紊周计划

孩子的课余生活丰富，各种兴趣班、辅导班排得满满，需要一张有条不紊的周计划表来统一规划，才不至于兵荒马乱。

一日时间表是针对细节，强调具体的任务，而周计划则是针对大局，突出每天重点要做的事，目标清晰，孩子更容易记得住、做得到。

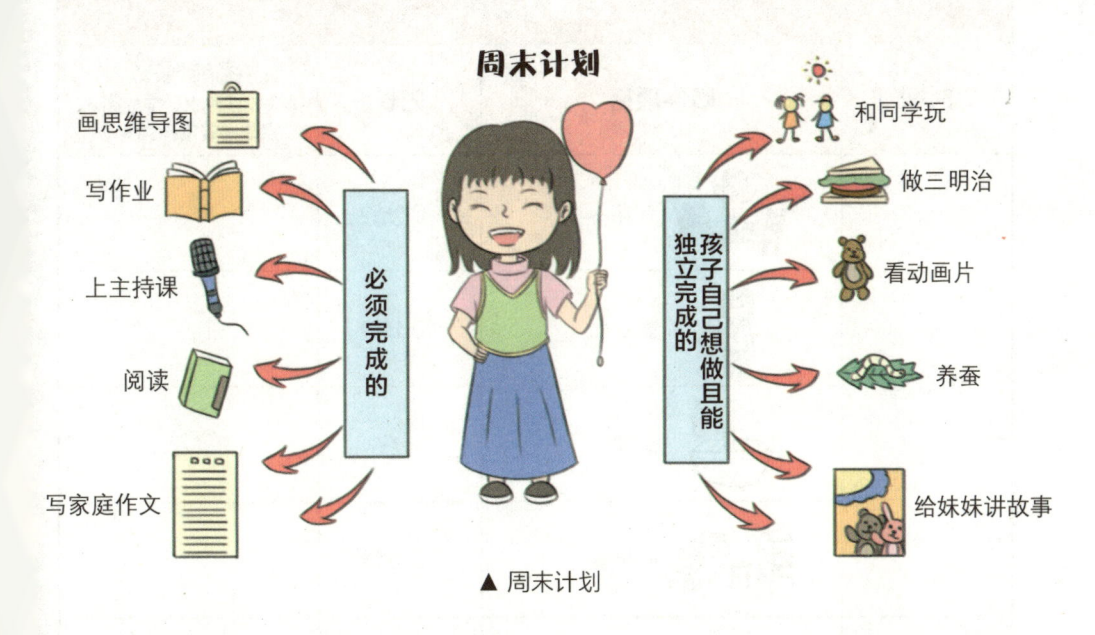

**周末计划**

必须完成的：画思维导图、写作业、上主持课、阅读、写家庭作文

孩子自己想做且能独立完成的：和同学玩、做三明治、看动画片、养蚕、给妹妹讲故事

▲ 周末计划

**设计原则**：周计划要简明扼要，主次分明。强调每周的重点任务，比如游泳课、钢琴课等，用彩色提亮。也要包括每天的固定任务，比如读书、练琴等。

**自驱力** 懂时间管理的孩子更自律

▌**使用心得：**1.不同类的活动用不同颜色区分，比如阅读和户外活动，一眼就能看出哪些活动时间投入比较多，哪些活动时间投入不够。2.定期复盘，根据每周的执行情况和孩子的反馈，及时调整。

● 花式练娃暑期计划

暑期计划表面看是为了防止孩子在假期过度玩耍，其实更重要的是为了通过假期的自我管理来锻炼孩子的自我管控力，学会设立目标、任务拆分、时间管理等各项能力。

首先让孩子将计划表分为生活惯例、学习惯例和自由时间。这样孩子可以按照约定去遵守并执行，因此在这张日程表中还分一列为完成情况进行评价，评价分别是未完成——"×"、完成——"√"、完成得非常棒——"★"这三种。除了常规项目有明确规定以外，学习惯例和自由时间都由孩子自己来决定。

| | 暑期计划表 | | |
|---|---|---|---|
| 时间 | 事件项目 | 时长 | 完成情况<br>（未完成画×、完成画√、<br>完成得非常棒画★） |
| 9:00前 | 起床 | 20分钟 | |
| | 换衣服 | 10分钟 | |
| | 洗漱 | 5分钟 | |
| | 吃早餐 | 20分钟 | |
| 10:00-11:30 | 自由安排时间 | 90分钟 | |

续表

| 时间 | | 事件项目 | 时长 | 完成情况<br>（未完成画X、完成画√、<br>完成得非常棒画★） |
|---|---|---|---|---|
| 11:30-12:00 | | 吃午餐 | 30 分钟 | |
| 12:00-13:00 | | 自由安排时间 | 60 分钟 | |
| 13:00-15:00 | | 午睡 | 120 分钟 | |
| 15:00-18:00 | | 自由安排时间 | 180 分钟 | |
| 18:00-18:30 | | 吃晚餐 | 30 分钟 | |
| 18:30-20:00 | | 自由活动时间 | 90 分钟 | |
| 20:00 后 | | 洗澡 | 20 分钟 | |
| | | 洗漱 | 5 分钟 | |
| | | 换睡衣 | 5 分钟 | |
| | | 阅读 | 15-30 分钟 | |
| 21:00 | | 睡觉 | | |

▎**设计原则**：用图文结合的形式规划每日行程，尽可能主题丰富，包括室内和户外项目，知识性和娱乐性搭配。

▎**使用贴士**：用活页文件夹装订，可作为孩子珍贵的成长记录。

▎**使用心得**：鼓励孩子列出自己的暑期愿望清单，家长评估可行性后，分类组合搭配，列入计划表。

**自驱力** 懂时间管理的孩子更自律

## 附表一

| 快乐暑假 |||||
|---|---|---|---|---|
| 内容 ||| 内容 ||
| 起床 | | | 午餐 | |
| 洗漱 | | | 午睡 | |
| 换衣服 | | | 户外玩耍 | |
| 吃早餐 | | | 晚餐 | |
| 写作业 | | | 上床睡觉 | |

## 附表二

| 寒假活动清单 |||||
|---|---|---|---|---|
| 内容 ||| 内容 ||
| ☐ | 读完 5 本书 | | ☐ | 自己叠被子 |
| ☐ | 学会滑雪 | | ☐ | 邀请朋友来家里吃饭 |
| ☐ | 学会滑冰 | | ☐ | 和小伙伴聚会 |
| ☐ | 自己做早餐 | | ☐ | 去小伙伴家玩 |
| ☐ | 帮妈妈做家务 | | ☐ | 去泡温泉 |
| ☐ | 去有雪的地方 | | ☐ | 去博物馆 |
| ☐ | 去山里玩 | | ☐ | 看一场电影 |
| ☐ | 提前一周完成寒假作业 | | ☐ | |

续表

| | 内容 | | 内容 |
|---|---|---|---|
| ☐ | 给自己的房间大扫除 | ☐ | |
| ☐ | 看一场话剧 | ☐ | |

● 阅读习惯培养

　　养成一个习惯并不容易，通过打卡，孩子可以在小小的成就感中收获喜悦，以此获得巩固习惯的动力。阅读是让孩子受益终身的好习惯，以下是一种用来督促孩子阅读的常用图表。

　　学龄前的孩子，还不太认字，更适用打卡式的阅读记录。每月设计一张下图形式的打卡表。每次阅读后给卡通小图标涂上颜色，月末完成目标，就可以兑换一个玩具，或者实现一个出游愿望。

　　上小学后，推荐手写式的阅读记录表，孩子阅读后，自己记录日期、书名、作者及评分。每月回顾，成绩满满，家长也可以根据评分帮孩子选书。

▲ 手写式阅读记录表

自驱力 懂时间管理的孩子更自律

除上面两种形式外，小学中高年级的孩子，还可使用周打卡和月打卡。这类打卡表，除了记录书名和阅读进度外，孩子还要统计出每周、每月用于阅读的时间。

### Jul 7月

| 星期日 | 星期一 | 星期二 | 星期三 | 星期四 | 星期五 | 星期六 |
|---|---|---|---|---|---|---|
|  |  |  |  |  | 1《小米的四时奇遇记》P30 ☑ | 2《米小圈上学记》P51 ☑ |
| 3《趣味汉字》P60 ☑ | 4 ☐ | 5 ☐ | 6 ☐ | 7 ☐ | 8 ☐ | 9 ☐ |
| 10 ☐ | 11 ☐ | 12 ☐ | 13 ☐ | 14 ☐ | 15 ☐ | 16 ☐ |
| 17 ☐ | 18 ☐ | 19 ☐ | 20 ☐ | 21 ☐ | 22 ☐ | 23 ☐ |
| 24 ☐ | 25 ☐ | 26 ☐ | 27 ☐ | 28 ☐ | 29 ☐ | 30 ☐ |
| 31 ☐ |  |  |  |  |  |  |

▲ 阅读记录表

**设计原则**：低幼阶段，阅读记录需要视觉化的图片辅助，提高执行力。小学阶段，则更加格式化，针对性强。

**使用心得**：坚持阅读不容易，建议以月为单位设置阅读目标，和孩子的愿望清单配合进行奖励，读书通关，才能乐此不疲。

● 参与家务劳动

承担和自己年龄匹配的家务，是孩子的成长需要。家务清单包括两类：一是个人事务，如铺床叠被、玩具整理等；二是共同家务，如扫地擦桌、碗筷摆放、浇花等。

## 家务劳动奖励表

| 类目 | 一 | 二 | 三 | 四 | 五 | 六 | 日 | 奖励 | 备注 |
|---|---|---|---|---|---|---|---|---|---|
| 整理床铺 | ○ | ○ | ○ | ○ | ○ | ○ | ○ | 🌼🌼🌼 +3 | |
| 整理玩具 | ○ | ○ | ○ | ○ | ○ | ○ | ○ | 🌼🌼 +2 | |
| 擦桌子 | ○ | ○ | ○ | ○ | ○ | ○ | ○ | 🌼🌼🌼 +3 | |
| 扫地 | ○ | ○ | ○ | ○ | ○ | ○ | ○ | 🌼🌼🌼 +3 | |
| 洗衣服 | ○ | ○ | ○ | ○ | ○ | ○ | ○ | 🌼🌼 +2 | |
| 洗袜子 | ○ | ○ | ○ | ○ | ○ | ○ | ○ | 🌼🌼🌼 +3 | |

## 家务劳动分配表

| 类目 | | 哥哥的工作 | | 妹妹的工作 | |
|---|---|---|---|---|---|
| 星期一 | 晚餐后 | 洗碗、扔垃圾 | | 扔垃圾 | |
| 星期二 | 晚餐后 | 浇花、扔垃圾 | | 扔垃圾 | |
| 星期三 | 晚餐后 | 洗碗、扔垃圾 | | 扔垃圾 | |
| 星期四 | 晚餐后 | 浇花、扔垃圾 | | 扔垃圾 | |
| 星期五 | 晚餐后 | 扔垃圾 | | 扔垃圾 | |
| 星期六 | 起床后 | 整理书架 | | 收拾玩具 | |

**设计原则**:采用积分累计的形式,根据家务的难易程度设定奖励积分。孩子完成一次家务,即可获得相应的积分,累计一定数量就可以兑换奖励。

**使用心得**:清单里的家务设定,要考虑与孩子的年龄和能力匹配。

## 这样做，让孩子做事更有条理

生活中，家长常常发现这样一种现象：孩子虽然制订了时间计划表，但还是把事情做得一团糟，常常完不成任务。每当这时，家长就有些生气，但又不忍心责骂孩子，毕竟孩子在努力完成任务而不是有意偷懒。

因此，家长会告诉孩子某件事情应该如何做，有哪些注意事项等。孩子也会认真听父母的教导，尽量按照父母的指点去做，可是效果仍然不理想，这是什么原因呢？

出现这种情况，主要是因为孩子按照计划行事时抓不住事情的重点，没有合理安排时间。

**这主要有两方面的原因：**

一是孩子丢三落四，导致无法如期完成任务；

二是孩子在做事情时没有章法，他们不知道应该先做什么，后做什么，遇到问题应该如何处理，导致耗费了大量的时间却没有得到想要的结果。

比如，孩子学习时不知道如何安排不同的科目，就眉毛胡子一把抓，随便抓到一门作业就写，遇到问题就死磕，却不知寻找有效的解决方案。

再如，孩子整理自己的房间时，大脑里没有清理房间的思路，而是看到什么就整理什么，结果花费的时间不少，屋子依旧乱糟糟的。原本热情满满的孩子费时费力整理屋子之后却没有得到想要的结果，自然倍受打击。

这时，家长就会鼓励孩子并告诉他整理家务的有效方法。但是，孩子还处在小学阶段，他们的学习能力和理解能力还处在提升中，常常不能完全记住家长的建议或教导。如果家长在孩子每一次整理家务时站在旁边喋喋不休地指导，反而

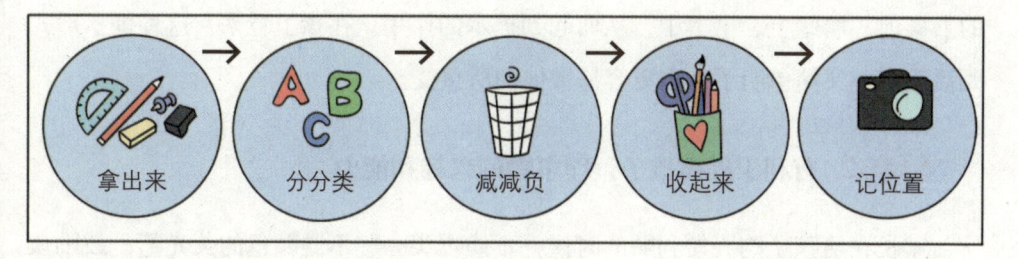

## 超有效的时间管理工具 | 4 Part

拿出来 → 分分类 → 减减负 → 收起来 → 记位置

▲ 整理流程示意图

容易引起孩子的反感。这时，家长可以将整理顺序画出来，让孩子参照着去做。

除此之外，便利贴法也是一种简单易行、效果显著又容易被孩子所接受的任务管理好帮手。

如今，便利贴的种类繁多，形状色彩各异，能满足人们在不同场景下的使用需求。对孩子们来说，色彩鲜艳、造型不同的便利贴比单调的时间表格有趣多了。因此，家长们可以鼓励孩子在日常学习和生活中使用自己喜欢的便利贴。

▲ 各式各样的便利贴

### 如何解决

#### Step1 便利贴是孩子对日常事情进行分类的好帮手

孩子看似平常的一天，实际却涉及生活、学习、娱乐等各种事情。这些事情有的必不可少，有的并不重要；有的比较紧急，有的则可以缓一缓。

家长要想让孩子做好事情确实不容易，这时便利贴就能帮上大忙。比如家长可以鼓励孩子多买几种卡通造型的便利贴，每一种造型针对某一类事情，再用不同颜色的便利贴代表事情的不同紧急程度。然后把事情写在便利贴上，贴在孩子的书桌前、墙壁上、书本中，从而起到提示的作用。在孩子看来，这种提示形式既活泼有趣又简单明了，也更容易被他们所接受。

### Step2 有利于提高孩子管理事物的兴趣和能力

家长在给孩子购买便利贴的时候，不妨再买一些不同颜色的荧光笔，鼓励孩子使用这些小工具。这些工具虽然不起眼，但是对于偏爱色彩和图画的孩子来说，却是一份很好的礼物。

比如他们用不同颜色的荧光笔在便利贴上写字时，能感受到画画带来的乐趣。他们也更容易记住写在便利贴上的内容。

家长还可以给孩子买些简单的手账本，用便利贴、水彩笔、荧光笔在手账本上记下时间管理日常的要点以及各种需要做的事情，让孩子在写写画画中进一步提升时间管理能力。

### Step3 有利于提高孩子做事的逻辑性和条理性

便利贴的优势在于它的用途广泛，使用方式灵活。家长可以鼓励孩子尽可能多地使用便利贴，拓展它的使用范围。

比如，当孩子做事情没有头绪的时候，家长可以让孩子把做事情的顺序和要点记录在便利贴上，再贴到显眼的地方。当他再一次做同类事情时，就可以看看便利贴上的记录，这样的效果比家长经常唠叨更好。家长还可以把自己的期望和鼓励的话写在便利贴上，贴在孩子容易看到的地方，用这种方式鼓励孩子可以让效果更持久。

### Step4 有利于提高孩子的学习效率

孩子也可以利用便利贴提高自己的学习效率。比如，孩子用便利贴把课本中的难点、要点简要地记下来，贴在墙上便于理解和巩固。孩子也可以用便利贴提示当天的学习任务，还可以把需要记忆背诵的内容写在便利贴上，贴在家里显眼的地方，便于孩子随时看到、随时记忆。

超有效的时间管理工具

## 如何使用贴纸？

父母可以让孩子先把所有的事都列出来，再考虑做事的先后顺序，这种方法有助于提高孩子的效率。

## 需要准备的东西

两种不同颜色的贴纸、记号笔。

## 做法

### 列清单

父母可以让孩子分别用不同颜色的贴纸，写出"想要做的事"和"该做的事"，在每一张便签上写上一个项目。

### 按照优先顺位排序

等孩子把所有事列出来之后，按照顺序贴在墙上。

做完一件事，把相应的贴纸从墙上揭下来。

**要点**

贴纸要贴在大家都能看到的地方。

| 孩子的排序 | 玩游戏 | 看电视 | 计算题 | 默写 | 背诵 | 钢琴练习 |
|---|---|---|---|---|---|---|
| 和父母商量后 | 玩游戏 | 钢琴练习 | 背诵 | 计算题 | 默写 | 看电视 |

为了能尽早学会 ——— 钢琴练习

先做不擅长的事情 ——— 背诵

83

## 总结

培养学习习惯需要时间，家长不仅要给孩子及时反馈，还要帮助孩子找到属于他的"时间工具"，让孩子能更好地持续行动，学会管理时间。

💡 **家长和孩子共同的任务**：归纳总结时间管理工具，说说哪个最实用、最便捷

_____

_____

_____

_____

💡 **家长的任务1**：观察孩子的表现

_____

_____

_____

_____

💡 **家长的任务2**：发现孩子的闪光点并记录

_____

_____

_____

_____

# Part 5

## 成为时间管理高手

很多家长会对孩子的时间管理产生困扰：办法也教了，也进行合理的引导了，为什么孩子还是没有时间观念，不能把自己的时间计划好呢？

想要让孩子成为时间管理的高手，家长要和孩子一起积极行动起来，才能让孩子了解时间的珍贵性，珍惜每一分每一秒。

我们不妨给孩子30天时间，在这30天里，引导孩子列出时间清单，继而学会管理和规划自己的时间。

## 如何教孩子打破原有"生物钟"

孩子上小学前的生活比较自由，有的孩子习惯晚睡晚起，还有的孩子习惯午睡。久而久之，孩子的生活习惯形成定式。上小学后，忽然间进入时间管理比较严格的状态，这让很多孩子无法适应，家长们也费了很多心思帮孩子改变原有的生活习惯，带来的却是一场长期的亲子博弈。

### 幼儿时间表 VS 小学时间表

| 时间段 | 内容 | 时间段 | 内容 |
| --- | --- | --- | --- |
| 7:00 | 起床、洗漱、吃早饭 | 6:40-7:20 | 起床、洗漱、吃早饭 |
| 8:00-8:30 | 阅读 | 7:20 | 上学 |
| 8:30-11:00 | 玩 | 12:00-12:20 | 吃午饭 |
| 11:30-12:00 | 吃午饭 | 12:30 | 午休 |
| 12:30-14:30 | 午休 | 16:00-17:00 | 放学后自由活动 |
| 14:30-15:00 | 阅读 | 17:00-18:00 | 写作业和预习功课 |
| 15:30-18:00 | 看电视、吃点心 | 18:00-19:30 | 吃晚饭和看电视 |
| 18:00-19:00 | 吃晚饭 | 19:30-20:30 | 看课外书 |
| 19:00-19:30 | 看新闻 | 20:30-21:00 | 洗漱 |

续表

| 时间段 | 内容 | 时间段 | 内容 |
|---|---|---|---|
| 19:30-20:30 | 玩 | 21:00-22:00 | 玩游戏 |
| 21:00 | 睡觉 | 22:00 | 睡觉 |

　　每个人都有生物钟，也被称为生理钟。它是生物体生命活动的内在规律和节奏，是由生物体的生活习惯和内在时间结构构成的。

　　通俗地讲，就是当你形成某个习惯后，它就会自然而然地把这种习惯表现出来。比如，当孩子习惯了早起读书后，当有些背诵和阅读的作业安排到了傍晚时，孩子原有的生活习惯和学习习惯就有可能发生冲突，导致孩子不能顺利地完成作业。

　　孩子在生活中已经逐渐形成了生物钟，早上精力更旺盛，突然改到晚上，很有可能头昏脑涨，什么也背不下来。

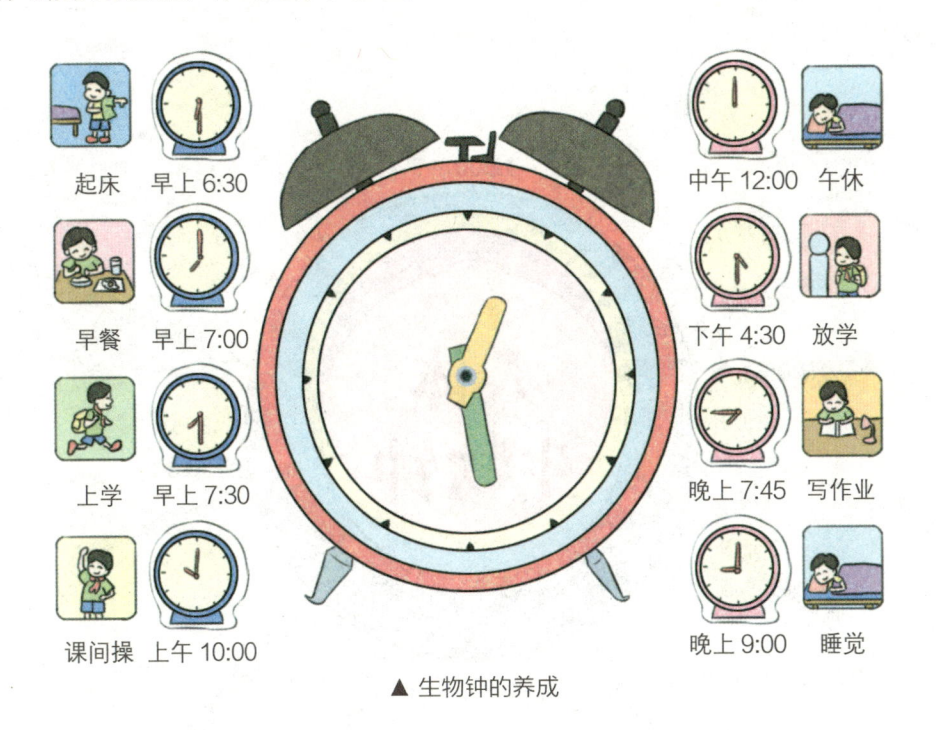

起床　早上 6:30
早餐　早上 7:00
上学　早上 7:30
课间操　上午 10:00
中午 12:00　午休
下午 4:30　放学
晚上 7:45　写作业
晚上 9:00　睡觉

▲ 生物钟的养成

　　可见，在孩子上小学前或者入学后的一段时间内，我们家长要打破孩子之前不科学的生物钟，帮他们树立起良好的生活习惯，只有这样，孩子在学习和生活上才能跟得上大家的步伐和节奏。

家长首先要做的是了解人体生物钟在一天之内的变化,然后根据这种规律安排孩子的生活作息。

**一天生物钟**

上午8:00－11:00:思维最活跃期,听课效率最高。

上午12:00－下午2:00:容易犯困,可以小睡一会儿,确保有充沛的精力学习。

下午6:00－7:00:适合户外运动,能提高身体素质,消除疲劳。

晚上10:00以后:不宜进行剧烈活动,洗澡或者泡脚后早早上床休息。

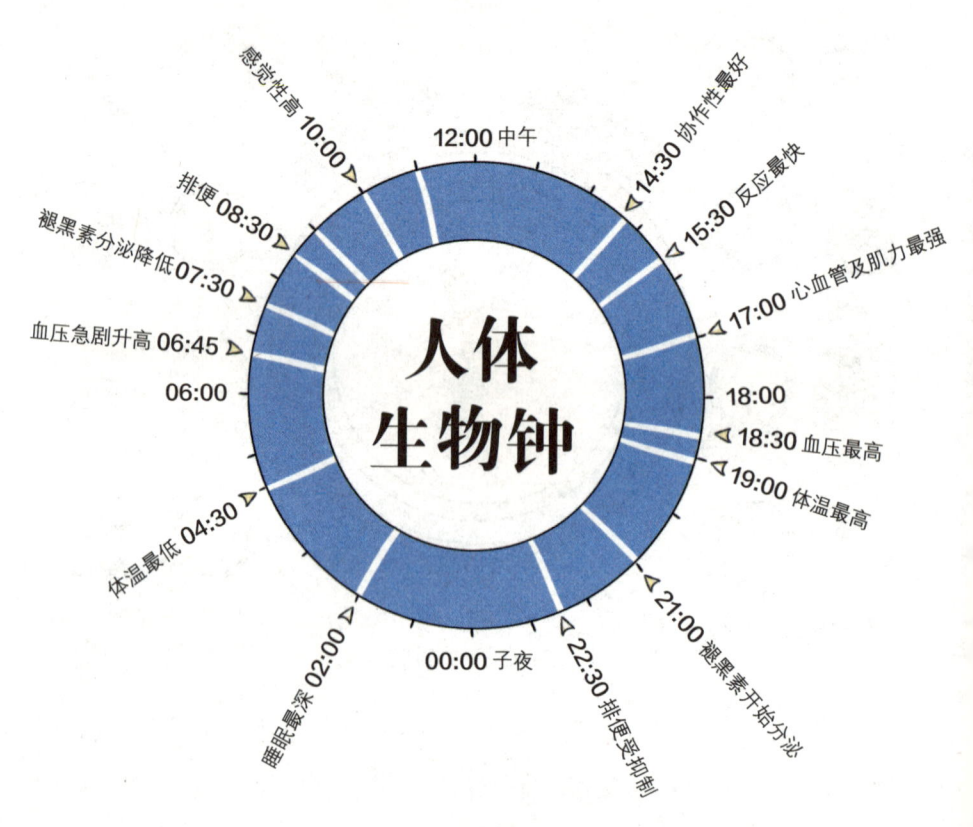

人体生物钟

- 感觉性高 10:00
- 12:00 中午
- 14:30 协作性最好
- 15:30 反应最快
- 17:00 心血管及肌力最强
- 18:00
- 18:30 血压最高
- 19:00 体温最高
- 21:00 褪黑素开始分泌
- 22:30 排便受抑制
- 00:00 子夜
- 睡眠最深 02:00
- 体温最低 04:30
- 06:00
- 血压急剧升高 06:45
- 褪黑素分泌降低 07:30
- 排便 08:30

▲ 人体生物钟

## 如何解决

### Step1 家长和孩子一起改变生活习惯

家长是孩子的第一任老师，家长的一言一行潜移默化地影响着孩子。如果家长仅仅是对孩子提出各种要求，然后监督孩子去执行，最后的效果往往不理想。如果家长能率先改变自己的生活习惯，严格按照时间表做事，然后再邀请孩子和自己一起进行改变，孩子看到家长的态度和决心后，也会积极主动地配合。

### Step2 在习惯的养成中，不允许孩子找借口

我们知道，在改变自己习惯的过程中，如果稍有懈怠，就会给自己的懒惰找借口，就会将前面的努力付之东流。这种惰性在孩子身上也很常见，因此家长在帮助孩子养成良好的生活习惯时，要做一个严格的监督者，不能允许孩子为自己的偷懒找借口，杜绝任何影响好习惯养成的因素出现。需要注意的是，周末、节假日期间，也应该要求孩子早睡早起，遵守生活作息规律，这样才能养成良好的习惯。

### Step3 根据年龄和季节变化对生活习惯做出调整

当孩子养成良好的生活习惯后，家长要鼓励他们坚持下去。但是，在具体执行中，家长可以根据他们的年龄和季节变化对生活作息做出适当的调整。

比如，在炎热的夏季，可以增加午休时间，还可以让孩子把运动锻炼的时间改到下午或晚上。到了寒冷的冬季，家长可以让孩子缩短午休的时间。如果孩子中午不困的话，也可以取消午休时间。

## 如何教孩子记录30天的时间清单

有些孩子对时间管理没有头绪，往往忙碌了一天却不见成效。每当家长问孩子："你今天都做了哪些事情？"或者："孩子，这几天你都完成了什么任务呢？"孩子总是说不上来，还感觉自己很忙，做了很多事情。这时家长往往比较生气，认为孩子在故意拖延、浪费时间，会严厉批评孩子甚至进行惩罚。

有的家长认为只有用这种严厉的方式才能让孩子重视时间，认真做好每一件事情。孩子心里也会感到很委屈，他们认为自己每天都在忙碌，并没有故意偷懒，虽然做的事情没有想象中那么多，但是没有功劳还有苦劳呢！

其实，家长忽略了一件重要的事情：孩子处在小学阶段，他们对任何事物都有一个从了解到熟练掌握的过程。对孩子来说，想要近距离了解时间这个比较抽象的概念，用"开销清单"的方式更为合适。例如下表，清晰、明了，让孩子了解自己的时间"开销"。

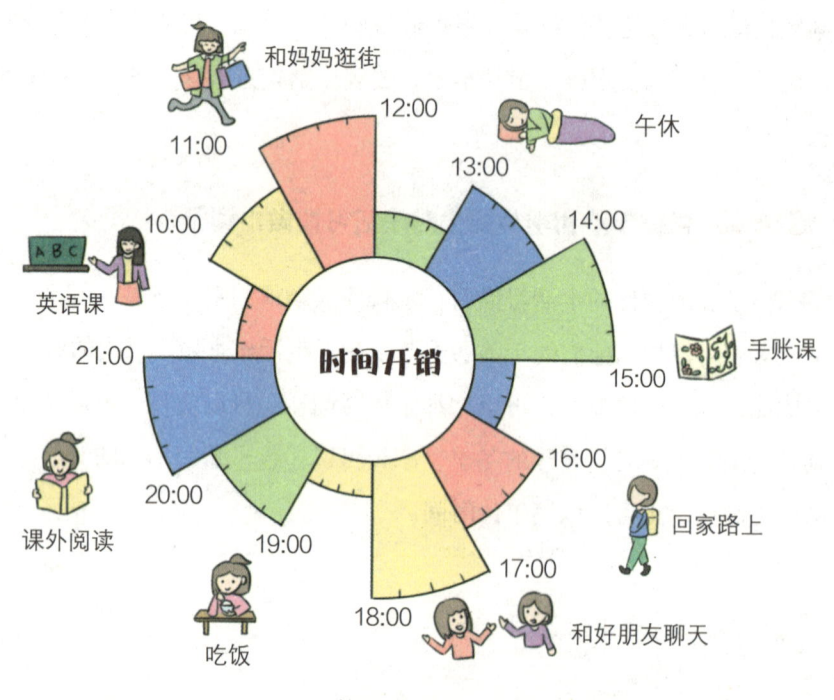

▲ 时间开销记录

# 成为时间管理高手 Part 5

通过上面的图表，可以让孩子关注发生在自己身边的每一小时、每一分钟的事情，在记录事情的过程中充分认识时间。

日常生活中，家长可以给孩子一份特别的图表，目标中有相应的事情和时间的提示。孩子可以根据提示在图表中填写自己一天中的所有事情和所花费的时间。

当孩子能熟练地运用图后，家长就可以鼓励孩子按照自己的喜好制作属于自己的时间开销记录表。在记录表中需要记下做每件事情开始和结束的时间，并计算出所耗费的时间，例如下面的"一周作息表"。

| 日期<br>时间 | 星期一至星期五 | 星期六 | 星期天 |
|---|---|---|---|
| 7:00 | | 起床 | |
| 7:30-8:00 | | 阅读古文半小时 | |
| 上午 | 上学 | 10:00-11:00 钢琴六级课程 | 15:00-15:30 绘画培训 |
| 下午 | 上学 | 14:00-15:00 围棋培训 | 14:00-15:00 奥数培训 |
| | | 15:30-16:30 跆拳道 | 15:30-16:30 游泳课 |
| 19:00-19:30 | | 看《新闻联播》 | |
| 20:00-21:00 | 英语培训 | 阅读 | 做手工 |
| 21:00-22:00 | 完成家庭作业 | 完成周末家庭作业 | 奥数习题5页 |
| 22:30 | | 睡觉 | |
| 本周目标 | 1. 备战跆拳道升级考试；2. 备战钢琴6级考试；3.《西游记》阅读完成第三章 | | |

91

很多孩子在刚接触这种时间开销记录表时都很有兴趣，也会认真记录。但是过了几天之后，他们就会感到枯燥乏味，对这件事情失去兴致。这正是孩子倦怠期的表现，如果家长听之任之，那么孩子就会回到舒适状态中，对时间的理解和对时间管理的应用并没有什么帮助。

家长在发现孩子有这种苗头时，要鼓励他坚持认真地记录每一天的时间开销。当家长带领孩子坚持认真记录时间开销一个月后，孩子就会克服倦怠期，形成认真记录的习惯，会主动做这件事。

## 如何解决

### Step1 每天用15分钟做时间开销记录

做时间开销记录应该成为孩子每天睡觉前必做的事情，不要占用孩子过多的时间，否则就会成为孩子的负担，不利于孩子长期坚持。

孩子在一天中做的事情看似比较多，其实仔细想来通常就是那么几类事情。因此，在初期阶段，家长和孩子一起做时间开销记录时，时间把握在15分钟以内即可。

另外，家长还要和孩子一起制订日常时间管理计划表，在计划表中规定每天所要做的事情和所需的时间等。因此家长可以让孩子把时间开销记录和日常时间管理表结合使用。比如在每天的时间管理表上记录做每一件事情的具体时间，这样会节省孩子很多时间和精力。

▲ 妈妈的劝告

在孩子熟练使用时间开销记录后，所用的时间还可以进一步减少，甚至可以鼓励孩子把时间管理表做成随身携带的手账式表格，在每天课间和课外就可以把时间开销记录做好。

## Step2 鼓励孩子学会分析时间

让孩子做时间开销记录的目的不是单纯为了记录，而是让孩子感受自己身边时间的变化以及如何高效利用时间。因此在孩子熟练掌握时间开销记录后，家长可以每隔几天和孩子一起分析记录表，让孩子清楚地知道自己每天都做了哪些事情，哪些事情是可以不做的，哪些事情是可以减少做的。

当孩子认真复盘了自己日常的行为后，他也能指出自己哪些时间是可以节省出来的，然后把这些时间用在其他方面。

## Step3 和孩子一起探讨对时间和计划表的认识

当孩子对自己日常需要做的事以及相应耗费的时间有了清楚的认识后，家长可以和孩子一起商量如何对日常时间管理计划进行修改，以及如何更高效率地利用时间。

例如，给孩子一个特殊的电子提醒装备，比如电子表、手表等，或者在家里显眼的地方贴上名人名言等警示语等。

**时间名言**

一寸光阴一寸金，
寸金难买寸光阴。

——《增广贤文》

## 如何教孩子分配30天的时间

有些孩子在做时间计划表时会根据自己的喜好把计划做得比较宽松。比如，他的计划是只安排课后作业，完成后不肯再多做一点和学习有关的事，却把游戏和娱乐时间尽量延长。这会导致时间被白白浪费，当家长发现这个问题并询问孩子时，他会说："我已经按照计划把学习任务完成了。"

可见孩子的时间计划表是不合理的，因此，家长要教孩子正确认识时间管理和每天的任务之间的关系，并不是说孩子随便制订一个计划就合格了，而是要在有限的时间内高效地学习，还能愉快地玩耍和保证充足的休息。家长要教给孩子合理分配时间的具体方法，在某个时间段，列出最想做的事，然后进行排序，估算时间，具体方法如下表。

### 时间分配的顺序

| 15:30-18:00 想要做的事 | 对要做的事进行排序 | 估算一下每件事要花费的时间 | 舍弃时间段内不能完成的事 |
|---|---|---|---|
| ·和朋友踢足球<br>·玩游戏<br>·看动画片<br>·做作业<br>·看漫画<br>·玩玩具 | 1. 做作业<br>2. 和朋友踢足球<br>3. 看动画片<br>4. 玩玩具<br>5. 看漫画<br>6. 玩游戏 | 1. 做作业 30 分钟<br>2. 踢足球 1 个小时<br>3. 看动画片 30 分钟<br>4. 玩玩具 30 分钟<br>5. 看漫画 30 分钟<br>6. 玩游戏 1 个小时 | 1. 做作业 30 分钟<br>2. 踢足球 1 个小时<br>3. 看动画片 30 分钟<br>4. 玩玩具 30 分钟<br>5. ~~看漫画 30 分钟~~<br>6. ~~玩游戏 1 个小时~~ |
|  | ·作业需在睡觉之前做完<br>·天黑了就不能踢足球了 | ·要把路上的时间也算进去 | ·漫画和游戏以后有时间再看、再玩 |

每个孩子对时间的理解不同，安排也不尽相同。在周末，有的孩子能利用这两天的休息时间顺利完成学习任务，还能开心地玩耍，甚至和父母做一些有意义

成为时间管理高手

的事情。而有的孩子就会先用一天多的时间尽情地玩，在周日的下午或晚上拼命赶作业，甚至还要牺牲晚上休息的时间。孩子一边焦急地赶作业，一边还要听着父母的唠叨和责备，导致这个周末在匆忙和沮丧中结束。

因此家长要着重教会孩子学会分配自己的时间，告诉孩子把一天分为学习时间、休息时间和娱乐时间。其中学习时间还可以分为两类，一类是在学校的学习时间，另一类是放学回到家中温习和预习课程所用的时间，这类时间是最重要的。孩子要全身心地去完成这些任务。

休息时间包括午睡时间和晚上的睡眠时间，而这些时间是不能减少的，不然会影响第二天的精神状态。所以家长要让孩子明白，每天要按时睡觉、按时起床。

娱乐时间包括课间时间和写完作业之后的游戏时间。娱乐时间的作用是帮助孩子放松、缓解学习带来的疲劳，锻炼身体增强体质。

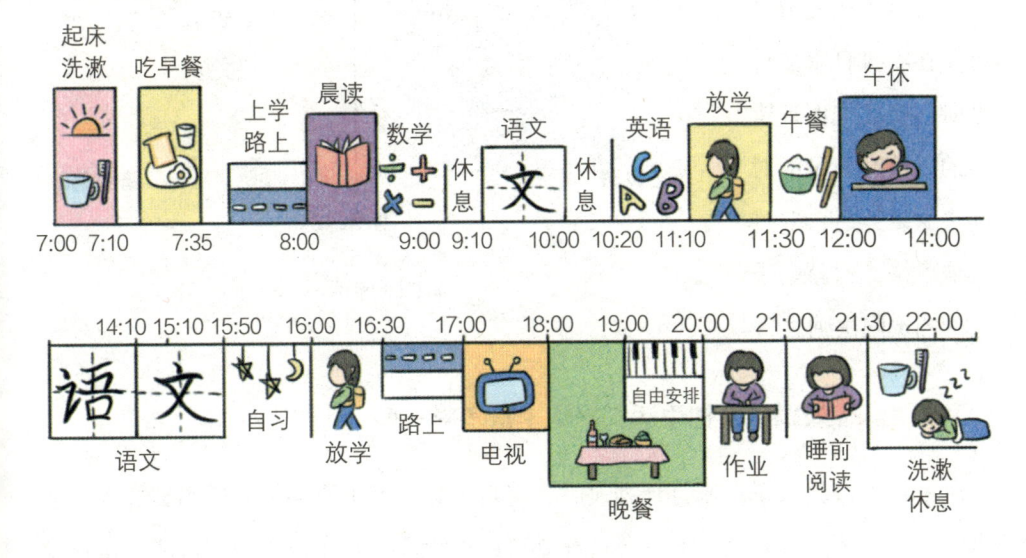

▲ 一日时间分配表

### 如何解决

一般来说，在教孩子进行合理的时间分配时，有以下方法供家长们参考。

95

## Step1 让孩子明白把主要时间用在重要的事情上

孩子在制订计划时常犯的错误就是，把时间平均分配或者把自己喜欢做的事情分配的时间多一些，而重要的应该做的事情分配的时间却很少。这就需要家长对孩子的时间计划表进行审核和修正。当家长发现孩子出现这类问题时，要告诉孩子：我们日常做事都会有轻重主次之分，因此在安排日常的计划时，要优先保证重要的事情有充足的时间去做，然后再安排其他事情，这就是著名的四象限法则。

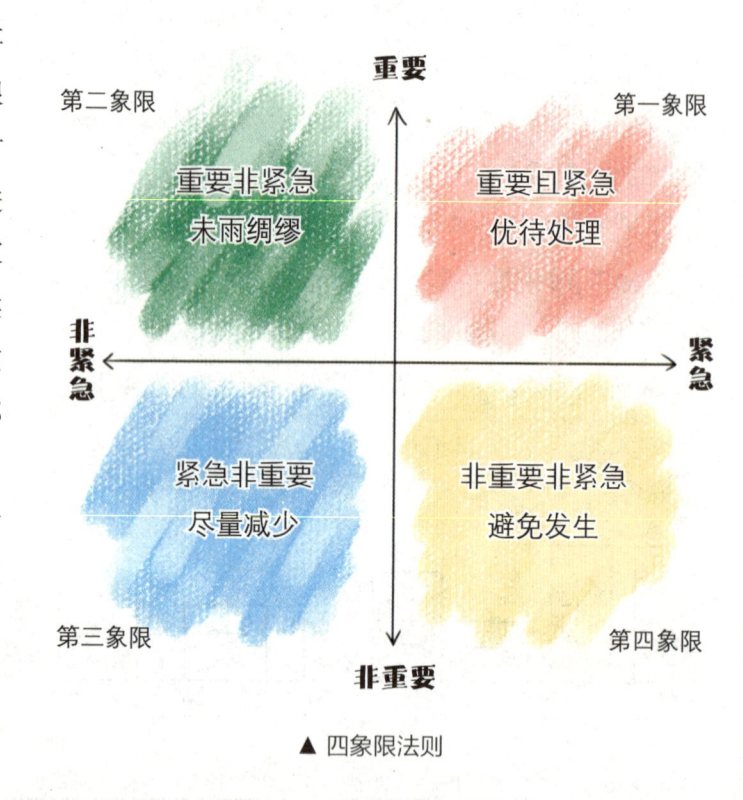

▲ 四象限法则

第二象限　重要非紧急　未雨绸缪
第一象限　重要且紧急　优待处理
第三象限　紧急非重要　尽量减少
第四象限　非重要非紧急　避免发生

## Step2 鼓励孩子把生活安排地丰富多彩一些

家长可以教孩子在制订计划表时，将自己各方面的兴趣爱好适当地放入计划表中，作为休闲娱乐的一部分。这样既可以充分满足孩子的兴趣，也能丰富孩子的日常生活，提高孩子按计划做事的积极性。

需要注意的是，家长在指导孩子安排自己的兴趣爱好时，不能把所有的爱好一股脑儿地放到计划表中，还是要在一周或者一个月的计划表中，每天都安排一定时间作为满足孩子兴趣的时间。另外，家长可以每隔几天来指导孩子的兴趣爱好，以最大限度地提高孩子日常生活的乐趣。

## 这样规划时间更有效

孩子上小学后，家长们都希望他们能够在时间管理方面做得越来越好。现实却是大多数孩子并没有达到家长的期望，以致家长感到忧心忡忡，甚至亲自帮孩子制订时间计划表并督促孩子去完成，效果往往也不理想。

归根结底，孩子在时间管理方面的成绩是由他自己制订管理计划的能力和执行意愿的高低决定的。如果孩子仅仅是被动地执行家长的计划，他们的主观能动性没有发挥出来，那么他们做事的效率自然就与预期有较大的差距。

因此，家长在培养孩子的时间管理能力时，应将重心放在教孩子学会科学规划时间和行动计划上，提升他们做事的积极主动性。

让孩子自己制订合理的时间计划并不是一蹴而就的，这需要家长的引导。对孩子来说，短期的时间管理计划很适合他们的初期实践。一般来说，短期时间计划包括第二天以及未来一周的日程安排。

在家长看来这是简单至极的一种安排，但孩子很可能不知道如何去规划。孩子以前做事没有计划性，或者按照家长的安排茫然地去做，自然不知道这些日常简单的事情背后的逻辑关系，更不知道做事的理念和方法。因此，家长应教孩子从零开始计划自己的日常事务。比如什么时候起床，起床之后做事情的顺序，放学回家后是先写作业还是先玩耍，玩耍的时间应当控制多久，等等。

鉴于此，家长可以引导孩子先将一日核心事件列出来，包括家庭的主要作息、玩乐事件等，让孩子有序地生活。然后再进行事件与时间的匹配，这件事看起来比较简单，但是每一件事情背后都要考虑到多种因素，并做出合理的安排，这些都需要孩子理解后才能应用到生活中。

| 时间点 | 项目 | 时长 |
| --- | --- | --- |
| 8:00 | 起床 | 30 分钟 |
| | 早餐 | |
| | 洗漱 | |

续表

| 时间点 | 项目 | 时长 |
|---|---|---|
| 9:30-10:00 | 户外活动 | |
| 11:00 | 午餐 | 30 分钟 |
| 11:30-12:30 | 娱乐、休息 | |
| 12:30-14:30 | 午睡 | 120 分钟 |
| 14:30-17:00 | 室内活动 | |
| 17:30 | 晚餐 | 30 分钟 |
| 20:30 | 睡前阅读 | |
| 21:00 | 洗漱、睡觉 | |

还有的孩子会认为自己日常生活主要是做那么几类事情，闭着眼睛都能数出来，他们会向家长提出直接做这些事情就行了，没有必要一一写下来并且规定时间，那样会比较烦琐。

对于这种情况，家长可以告诉孩子：我们即使要做简单的事情，也要有一个小小的计划，这样对我们有很大的帮助。

从小事做起，养成制订计划的习惯，能够让孩子学会如何做事。此外，在做事情前，让孩子养成先思考的习惯，在今后做事情遇到意外情况时也不会慌乱。

家长在教孩子制订行动计划时，要根据实际能力和具体情况而定。家长先让孩子去做他能应对的事情，然后在一旁查缺补漏即可。

等孩子熟练掌握短期计划制订的方法后，家长可以让孩子参与更详细的计划和中远期时间管理计划的制订。当孩子习惯在做事之前先计划，他的一些不良习惯也会逐渐被改变。

比如孩子以前做事没有逻辑性或者只按照父母的安排去做，当他们学会安排事情时，就能明白自己在哪些事情上浪费了时间，自己每天忙忙碌碌的原因是什么。他们在制订行动计划后，实施中也会注意避免这些情况。当然，如果家长能够进行适当的配合，孩子改掉不良习惯的可能性就会更大。

成为时间管理高手

中长期计划一般是指对未来一个月或以上的时间进行统筹安排的一种方式，它和短期行动计划相比，对孩子的思维能力和执行能力要求更高。

比如，孩子在制订中长期行动计划时，要考虑到未来比较长的一段时间内即将要做的事情以及可能出现的变化，而这些变化不是短期行动计划中可以明确预见并避免的。

另外，中长期计划会包括一系列的小计划，这些小计划如何相互衔接和配合以达到中长期计划的目的，这些事情对孩子的能力也提出了更高的要求。

如果孩子在制订计划中把事情想得过于简单，没有将影响因素考虑在内，就会在落实中困难重重，从而导致计划失败。

因此家长应该教孩子如何制订更加细致而全面的计划，用更多的时间教孩子明白制订计划的方法和要考虑的因素。同时家长还要告诉孩子，中长期计划不是制订好后就照搬实施的，而是在实行中不断地验证和修订，孩子也会在不断的修正中提升制订和执行计划的能力。

### 如何解决

具体来说，家长在引导孩子积极主动制订行动计划中有以下方法供参考。

#### Step1　在计划中要兼顾孩子的喜好

在日常生活中，孩子一般会面临两种事情，一种是自己必须要做的事情，比如学习、吃饭和休息等；另一种是孩子的兴趣爱好，比如有的孩子喜欢弹钢琴，有的孩子喜欢绘画，还有的孩子喜欢体育运动，等等。

因此在制订计划时，家长要提醒孩子把这两类事情都列入行动计划表中，但是所占的时间不能平均分配。因为作为学生的主要任务就是学习，只有在完成了学习任务之后，才能去做自己喜欢的事情。这样既能保证孩子在学业上不断进步，也能兼顾到孩子的个人兴趣爱好和特长的发挥，还能让孩子更有动力执行时间管理的方案。

| 项目 | | 时长 |
|---|---|---|
| 必须要做的事 | 起床、洗漱、早餐 | 30 分钟 |
| | 上学 | 7 小时 |
| | 写作业 | 60 分钟 |
| | 整理书包 | 5 分钟 |
| 兴趣爱好 | 钢琴 | 30 分钟 |
| | 绘画 | 30 分钟 |
| | 积木 | 30 分钟 |
| | 踢球 | 40 分钟 |

### Step2 让孩子体会到主动做事的快乐

在小学阶段的孩子，他们更渴望得到父母的赞赏，也更希望能够从同龄人和师长那里得到认可。家长可以从这个角度入手，让他们感受到来自周围人的欣赏以及发自内心的成就感，当孩子得到心理上的满足后，会更加积极地按计划做事。孩子做事越认真，成果也就会越大，得到的心理满足和赞赏也就越多，这样就形成了从行动到赞赏再到行动的正面反馈，有利于孩子取得更好的成绩。

### Step3 家长以朋友的身份鼓励孩子尽力完成计划

在很多家庭中，家长总是以一副高高在上的姿态教育孩子如何进行时间管理，但是这种方式并不一定能得到孩子的认同。相反，孩子甚至会因为双方地位不平等而不敢把心里话告诉父母，这样更不利于孩子在时间管理方面的成长。如果家长能抛弃自己是长辈的想法，以朋友的身份和孩子相处，就会更容易得到孩子的认同。

## 如何正确实施奖励和惩罚

时间管理在每个人的一生中都占据着重要的地位，它能帮助我们更加科学合理地安排工作，也能让我们享受到更加充实而美好的生活。家长教孩子尽早掌握好时间管理的方法，对他们的成长也有很大的帮助。

通常家长在教育孩子时，不知道如何把握奖励和惩罚的尺度。有教育家曾说过："对孩子的教育，该奖不奖，该罚不罚，这是典型的放任自流的家庭教育；高兴了就奖，生气了就罚，这是最不负责任的家庭教育。"

所以，家长在教育孩子时，应该做到奖罚并用，给孩子奖励和惩罚就相当于给小树浇水施肥和修枝除虫一样，缺一不可。

### 关于奖励

奖励，是对于孩子正确行为的一种肯定，从心理学上讲，奖励就是一种强化，把孩子表现好的部分强化，直至养成习惯、形成本能。

孩子按时起床 ➡ 奖励 ➡ 孩子按时起床 ➡ 奖励 ➡ 不断强化 ➡ 孩子养成了按时起床的好习惯

孩子认真完成作业 ➡ 奖励 ➡ 孩子认真完成作业 ➡ 奖励 ➡ 不断强化 ➡ 孩子自发地认真完成作业

孩子按时睡觉 ➡ 奖励 ➡ 孩子按时睡觉 ➡ 奖励 ➡ 不断强化 ➡ 孩子养成了按时睡觉的好习惯

以上按时起床、认真完成作业、按时睡觉都是家长的心理期望，是良好的行为习惯，给予孩子奖励，是期望孩子以后能继续保持，而奖励便是对行为的强化，我们也可以把这些奖励叫作强化物。

**关于惩罚**

为什么要惩罚呢？因为家长要让孩子懂得规则，家庭有家庭规则，学校有学校规则，社会有社会规则，我们在生活中要遵循各种各样的规则，当违背规则时，就会受到惩罚。

孩子也将面对一些规则，让孩子看到自己的行为违背规则所造成的后果，印象才会深刻，才不会再犯错误。孩子犯错，需要父母来帮助纠正。所以，教育和纠偏时，万万不可心软。

对于奖励和惩罚该如何把握，什么时候该给出什么样的奖励，什么时候该给出什么样的惩罚呢？

### 如何解决

## 家长如何正确地实施奖励？

### Step1 不能误用奖励

比如，儿子见到心爱的玩具要买，妈妈不买，儿子就大闹，妈妈只好买了；爸爸在专心看书，儿子在旁边大声吵闹，爸爸就给钱让儿子去买糖；孩子死活不听父母的安排，父母给出各种物质诱惑让孩子听话。我们可以发现，这些都只是家长对于孩子的淘气无可奈何的妥协，一定要杜绝此种情况。

### Step2 奖励规则明确

奖励是家长重要的强化方式，倘若奖励没有固定的规则，全凭家长的心情，随心所欲，这样下来，孩子甚至不知道自己下一个行为是否具有努力的意义，那么这样的奖励也没有任何意义。

### Step3 控制奖励频率

奖励就是在孩子好的表现之后给出的强化物，假如奖励次次如是，具有很强的规律性，久而久之，会让孩子为了奖励而做事，一旦离开了奖励，孩子好的行为就消失了，这显然不符合我们的初衷。因此从一开始，对于孩子的行为奖励次数就不宜过高，且需要变化奖励间隔的时间，打乱强化的规律，避免孩子专心地等待强化，最后使奖励由多到少，趋近于无。

## 家长如何正确地实施惩罚？

### Step1　家长情绪不良时，拒绝实施惩罚

惩罚本来就需要家长站在公平的角度上，以理性来判断孩子的行为。若是家长连自己的情绪都无法把握，那么在这种情况下极度容易将自己的各种负面情绪宣泄在孩子的错误之上，使得原本的惩罚升级变味，让孩子产生反抗心理，降低自己在孩子心目中的形象与威信。

### Step2　惩罚规则明确

孩子第一次犯错，我们当然不会去严厉地惩罚孩子，只会耐心地教导他，那么这也正是制定惩罚规则的时候了，下次再犯就应该执行这个惩罚规则，不能随意地更改、妥协，甚至罚后又赏。如果这样做，那么孩子对于这个错误的畏惧将会接近于零，再次犯错的概率可能会高达百分之百。

### Step3　避免在公共场所和外人面前惩罚孩子

孩子也有自尊，当众不留情面的惩罚会伤害孩子的自尊心，在这种情况下也更容易使孩子产生反抗心理，使得教育失去意义。

### Step4　惩罚以后要和孩子沟通

惩罚之后必须要及时与孩子讲道理，一定要向孩子解释惩罚的原因。通过说理、剖析的方式使孩子明白他为什么会受罚，知道犯错误的原因，讲清楚如果坚持犯下去将有什么后果，让孩子明白自己受罚的原因才是根除错误的关键。

## 总结

　　游戏是孩子最喜欢、最容易接受的学习方式，这种方式既能玩又能学习，一举两得，是让孩子认知世界的最好的方式。

**家长和孩子共同的任务：** 一起分配时间，各自做各自的规划

**家长的任务1：** 尊重孩子，学会夸奖，激发孩子内驱力

**家长的任务2：** 发现孩子的闪光点并记录

## Part 6

儿童时间管理其实就是自我管理

自驱力 懂时间管理的孩子更自律

> 很多家长可能会说：孩子还小，现在学时间管理没多大用，等他长大了，自然也就知道时间的重要性，懂得利用自己的时间了。
> 
> 事实并非如此。
> 
> 让孩子早一点学会时间管理，就能早一点进行自我管理。自律的孩子不需要家长过于担心，他们就已经安排好了每一天的生活和学习；拥有良好情绪管理的孩子，不仅在学校受欢迎，能交到很多好朋友，学习过程中，也会更快、更好地自我调节，远离厌学等情绪。

## 如何让孩子更自律

在孩子上小学后，家长们都希望他们能够早日成为独立上进的孩子，愿望是美好的，现实却非常残酷。每天早晨，家长总是再三提醒孩子吃早点、带好学习用具去上学。孩子放学回家后，家长又总是催促孩子写作业。无论家长多么焦急地催孩子，孩子做事磨磨蹭蹭，好像对什么都不放在心上，以至于家长经常为此大发雷霆。

孩子看到父母真的发火了，就会表现得好一些，可是过不了两天又故态复萌，亲子之间又陷入了"父母唠叨催促，孩子毫不在意"的模式中。

这种亲子相处模式让很多孩子烦不胜烦，也让家长们心力交瘁。他们多么希望自己的孩子能够做到自律。

大多数家长认为，自律对孩子来说是一件非常重要的事。如果孩子能够做到自律，那么他的人生中就没有解决不了的难题，在竞争激烈的现代社会，这是一种多么宝贵的品质啊。

不可否认，家长的观点确实很有道理，但想让孩子成为一个有很强自律能力的小学生，这可不是说说就能解决的。

自律，简单地说就是一个人能够克服自己的喜欢或厌恶之情，去做自己应

## 儿童时间管理其实就是自我管理

该做的事情。成人想要成为一个有着高度自律能力的人尚且不易，更何况小学生呢？

毫无疑问，其中存在着较高的难度。可以说，家长们希望孩子能够自律这个出发点是好的，但是还需要他们能够针对自己孩子的个性特点进行相应的引导和教育，才能达到自己的期望。

### 在培养孩子自律的过程中，想了很多办法，却总是效果不佳

有的家长经常给孩子强调时间的重要性，孩子在听的时候总会认为家长讲得很有道理，也一再表示要尽量按照家长的期望去做。但是，孩子在生活中做事时和以前并没什么区别。

有的父母用严厉惩罚的方式强迫孩子把注意力从玩乐转移到学习中，结果却遭到孩子强烈的抗议。

有的父母为了让孩子顺利完成作业，只好每天都陪着孩子写作业，紧盯着孩子的一举一动，时不时提醒孩子要认真学习。

在这种类似于监视的状态下，孩子的作业能按时写完。但是当家长工作繁忙，顾不上盯着孩子写作业时，孩子就会偷懒或去玩游戏。

那么我们应该怎么做才能让孩子养成自律的好习惯呢？具体来说，有以下方法供家长们参考。

### 如何解决

**Step1 和孩子做一个约定**

孩子是自己时间管理的主人，他的自律与否直接影响他的成绩。家长要告诉孩子，父母相信他是一名优秀的小学生，只要他愿意，就能做到约束自己，做自

己应该做的事情，成为一个生活上和学习上都能严格自律的人。

家长在鼓励孩子积极承担自己的责任，学会自律生活的同时，可以和孩子做一个成长约定：家长不像以前那样时时刻刻盯着孩子，而是充分信任孩子，相信孩子的承诺。

孩子看到家长对自己非常信任，他们的责任心也会被激发出来，在日常生活和学习中也会更加积极主动。当然，亲子之间的约定并不等于父母完全放手，任孩子由着性子去做事，而是和孩子之间保持一定的距离。当孩子在尝试自律的过程中遇到难题时，父母还是要及时施予援手，并遵守约定，不过多干预孩子的生活细节。

### Step2 引导孩子摆脱做事懒惰的习惯

懒惰是孩子成长过程中的"拦路虎"，孩子一旦养成了懒惰的习惯，就会不愿意付出，在学习中遇到难题也会放弃，缺乏克服困难的勇气。孩子在做事情时挑挑拣拣，什么事情省事儿、好玩儿就做什么，而不考虑对自己的成长是否有帮助。

自律要求孩子能够克服个人看法，积极主动地去做应该做的事情。这和孩子懒惰的不良习惯形成了鲜明的反差。因此，家长在生活中应该从小事抓起，让孩子摆脱懒惰，养成不怕苦不怕累、做事勤快的好习惯。这时，家长再提高孩子的自律性就很容易成功了。

### Step3 培养孩子的自律需要亲子长时间的努力

养成一个良好的行为习惯需要长时间的坚持才能成功，在提高孩子的自律性方面也是同样的道理。孩子正处在小学阶段，他们本身的自制力就比较差，而自律性又要求他们克服自己的好恶，积极主动做事，这就和孩子趋利避害的天性有冲突。

因此，家长不能期望在短时间内就让孩子养成良好的自律习惯，要认识到这是一件需要长期努力才能做到的事情。在此期间，家长要以积极乐观的心态看待孩子成长中出现的问题，并想方设法解决。当孩子体会到家长的理解、宽容和支持后，做事的积极性会更高，学习、生活会越来越自律。

## 你若不催促，孩子不抵触

每当上学和放学的时候，学校门口就会聚集很多接送孩子的家长。他们聊天的主题总离不开孩子，有的家长在分享自己孩子的生活之余，总是不忘吐槽一番。

> 我家孩子做什么事情都磨蹭，我要经常催他才行。

> 我家孩子写作业要盯着才能按时完成，不然一准儿写不完。

> 我家孩子做个手工，如果你不催他，他能用上大半天的时间去做。本来是20分钟能完成的事情，他能给你拖延到2小时甚至3小时，真是让人着急。

自从孩子上了小学之后，每家都有本难念的经。家长发现，催促之后，孩子的行动力增强了一些，他们不催促时孩子又懈怠了。这正好印证了家长的推测，他们也因此对孩子管束更严格了。

时间久了，家长们发现：无论自己如何催促，孩子的行动力依然比较低，孩子对家长的不满也越来越多，那么问题出在哪里呢？

事实上，家长们认为自己督促孩子是爱的体现，是为孩子着想，但是他们没有想到自己的这种行为在孩子眼里意味着批评和否定。

### 孩子如何看待家长的督促？

孩子在潜意识里会认为无论自己做什么事情都会受到同样的否定，他们的心情就会比较低落，认为自己做什么事都不能令家长满意，无论自己多努力也不会得到认可。

久而久之，他们做事情的热情就会下降，效率也会降低，表现出来就是家长眼中的"做事情越来越慢"。

当这种情况变得习以为常后，孩子在做事的时候也就更不上心了，他知道每天父母会安排他的事情，他不用为此去费脑筋思考。

另外，家长的很多催促中往往夹杂着不满和指责，比如家长会对孩子说："你这段时间做事总是慢吞吞的，作业往往写不完，吃饭也很慢，就连收拾房间都漫不经心，真是让人生气。"

当家长把对孩子的催促变为对他整个人的指责时，就会影响到孩子做事的专注力，导致他不知道自己接下来应该做什么。当然，家长的出发点是好的，是为了孩子能够有效利用时间，以便在学习和生活中能取得良好的收益，但是这种方式并没有收到好的效果，因此我们应该转变观念，用更合适的方式提升孩子的积极主动性。

## 如何解决

### Step1 用引导和鼓励而非催促的方式提醒孩子

当家长看到孩子做事拖拉时，可以用引导和鼓励的方式提醒孩子珍惜时间，加快做事的速度。

比如家长可以对孩子说：

> 我知道你的数学是很棒的，今天的数学作业我相信你能在40分钟之内做完，你认为呢？

孩子听后就会感到很高兴，认为家长看到了他的优点，而且相信他的能力，这是对他最大的肯定。

孩子就会回答说：

> 谢谢你们对我的鼓励，这些题都比较简单，虽然其中有一两道难题，但是半个小时内我就可以全部做完，不信我们可以计时，看一看我说的是不是真的。

## Step2 允许孩子在一定范围内浪费时间

在生活中，有的家长在教孩子掌握时间管理的方法时，总是对孩子过于严格，当看到孩子有浪费时间的情况时，就会生气，甚至会指责孩子。

他们忘记了孩子年纪还比较小，自控能力比成人要弱很多，像成人一样一点儿也不浪费时间对他们来说是难以做到的事。

家长的严苛要求会引起孩子的不满，所以我们在给孩子制订时间计划时，不要把时间排得特别紧密，要留出适当的时间供孩子休息。当看到孩子有浪费时间的情况时，要宽容地对待。

## Step3 创造良好家庭氛围，提高孩子做事积极性

家庭是孩子的人生港湾，也是孩子成长的第一课堂。父母在家中的一言一行和对孩子的态度，都会直接影响孩子对自己的判断。

例如，当孩子每天放学回到家中，感受到的是父母对他们的呵护和爱意时，他们的心中也会充满爱和感激；当他们每天都能和父母开心地说说笑笑时，他们的心情也是轻松愉快的；当他们看到父母在工作和生活中乐观向上的积极心态时，他们也会受到这种良好氛围的影响，在做事情时也会更加积极主动。

因此，家长们在生活中要为孩子营造一个有利于他们快乐成长的家庭氛围，同时，在生活中要起到榜样的作用，让孩子看到父母的积极性，这比给孩子讲多少大道理都管用。

## 这样写作业事半功倍

在孩子进入学龄阶段之后，在家长们比较闹心的事情中，排在第一位的应该是孩子的作业问题。不少家长有这样的疑惑：自己的孩子和其他孩子是同一个学校同一个年级，老师留给孩子的作业也是一样的。为什么有的孩子能又快又好地完成任务，自己家的孩子却总是无限拖延，每到写作业时理由数不胜数，磨磨蹭蹭，时间一拖再拖。

有一位家长曾经对朋友说："我的孩子现在是小学三年级。他在写作业方面还是掌握不了时间，注意力不集中。和他同班的小朋友1小时就能写完的作业，他往往要用3小时才能写完，居然还抱怨自己累得筋疲力尽。我家孩子的这些毛病真是让人头疼啊。"

从这位家长的话中，我们能看到他的焦虑和困扰。有不少家长和他有同样的感受，都想要尽快解决孩子身上的这种问题，以免随着孩子年龄的增长，这种不良习惯会影响他们的学业。因此，我们要找到合理的解决方法，教孩子学会对自己的作业进行管理，在尽量短的时间内取得更好的学习效果。

### 如何解决

**Step1　让孩子在完成优势科目作业中找回自信心**

孩子之所以写作业出现拖延磨蹭等情况，一个重要的原因就是他们没有从中找到学习的乐趣。也就是说，他们在写作业中没有得到足够的自我价值认同。比如，孩子写完作业交给老师后，得到的反馈比较少。家长大多是看孩子的作业是否完成，对孩子写作业中具体的思维过程和解题思路，以及各科的学习技巧等并没有给予真正的引导。在孩子看来，自己写完作业仅仅是完成了一个任务。当这种劳动在付出之后没有得到相应的肯定时，他们会从内心里对类似的事情不太重视，甚至仅仅是为了应付任务而去完成，效率自然会下降。

面对这种情况，家长可以适当调整孩子写作业的顺序，让他先写擅长科目的作业。孩子完成这门作业后，家长要认真检查并给予表扬，让孩子从完成这门课的作业中体会到家长的赞赏和鼓励，这样有利于他的自信心的建立。

### Step2　让孩子在解决难题中体会到成就感

很多孩子在写作业中遇到难题时要么绕道而走，要么完全依赖家长的指导。这两种方式都有弊端，并不能从根本上解决孩子学习主动性的问题。家长可以换个方法指导孩子解决这种难题，那就是教给孩子相应的解题思路，鼓励他自己解决这些难题。

通常情况下，孩子在得到家长的指点后大都能自己解决难题。如果孩子依然没能攻克眼前的难题，家长可以手把手教他如何解题，并把思路和解题方法详细教给他。当孩子解决难题之后，家长可以及时给他找一些类似的难题，让他独立完成以巩固所学知识。同时，家长还要表扬孩子在解决难题中的主动性和成绩，让他看到自己的进步得到了家长的认可。这种成就感对孩子的激励作用比较大。

### Step3　让孩子在高效率学习后自由支配富余的时间

孩子在写作业中浪费时间的情况比较普遍。家长们对此很恼火，但是他们忽略了其中的一个重要因素。孩子往往认为即使尽快写完作业，也会面临家长布置的其他任务，留给自己玩耍的时间同样不多。这种情况下，孩子认为自己做哪些事情都是一样的，慢慢写作业比写完作业再做其他任务要好一些。因此，家长可以在孩子的时间管理安排上进行相应的调整，鼓励孩子在尽可能短的时间内高质量地完成作业，然后节省下来的时间可由他们自由支配。这样会大大激发孩子写作业的积极性，很快完成作业。